Sabine Odinga / Dr. Jörn Klose · Kuhmilchallergie — was nun?

Milcheiweißfreie Koch- und Backrezepte für die ganze Familie

Dieses Buch ist gewidmet

Jannes Odinga
und
Constantin Graf Grote

Ohne diese beiden betroffenen Kinder wäre dieses Buch sicher nicht entstanden.
Ich danke ihnen für die Geduld beim Testen und Beurteilen aller Gerichte. Ebenso wichtig waren auch die Urteile von Gräfin A. Grote, den Geschwisterkindern und meinem Mann. Bis diese Rezepte geschmacklich ausgereift waren, gab es auch öfter mal mißlungene Versuche, die aber dennoch meist mit Würde verspeist wurden und erst im Notfall beim Hund landeten.

# KUHMILCH-ALLERGIE
# — was nun?

Sabine Odinga
Dr. med. Jörn Klose

## Milcheiweißfreie
## Koch- und Backrezepte
## für die ganze Familie

MEDIZINISCH LITERARISCHE VERLAGSGESELLSCHAFT MBH · UELZEN

Die Deutsche Bibliothek — CIP-Einheitsaufnahme

**Odinga, Sabine:**
Kuhmilch-Allergie — was nun?: Milcheiweißfreie Koch- und Backrezepte für die ganze Familie / Sabine Odinga; Jörn Klose. — Uelzen: Med.-Literarische Verl.-Ges., 1994

ISBN 3-88136-166-9

NE: Klose, Jörn:



ISBN 3-88136-166-9

Satz: Fotosatz H. Thormann, D-21403 Wendisch Evern
Druck: C. Beckers Buchdruckerei GmbH & Co. KG, D-29525 Uelzen

# INHALTSVERZEICHNIS

# VORWORT

Wenn Sie dieses Buch in der Hand halten, sind Sie sicherlich in irgendeiner Weise mit einer Milcheiweißallergie konfrontiert; sei es, daß es Sie selbst oder jemanden aus Ihrer Familie oder Ihrem Bekanntenkreis betrifft.
Vielleicht haben auch Sie schon, wie so viele andere Menschen, einen langen, beschwerdevollen Weg über verschiedene Ärzte und Diäten oder andere Heilmethoden hinter sich, bevor eine Milcheiweißallergie festgestellt wurde? Vielleicht müssen Sie unerwartet Ihr Kind frei von Milcheiweiß ernähren? Egal, warum Sie dieses Buch interessiert, es soll jedem helfen, der sich milcheiweißfrei ernähren muß und der neben den psychischen und physischen Problemen nicht auch noch mit Rezepten herumexperimentieren kann oder möchte.
Häufig müssen Personen mit einer Milcheiweißallergie auch noch andere Nahrungsmittel meiden. Eier, Weizen, Fisch, Zitrusfrüchte, Honig und Nüsse lösen nach Milcheiweiß am häufigsten Allergien aus. Zu diesen Nahrungsmitteln werden, soweit wie möglich, Varianten in den Rezepten genannt.
Wichtig bei der Zubereitung von Speisen ist, daß dem Betroffenen nicht immer seine Extraportion zubereitet werden muß, was arbeitsaufwendig, psychisch belastend und schwierig ist. Damit es auch allen nichtbetroffenen Mitessenden schmeckt, habe ich versucht, geschmacklich so nah wie möglich an den Originalgerichten zu bleiben.
Um Nährstoffmängel zu vermeiden, wurden die Rezepte auf der Basis einer Vollwerternährung zusammengestellt. Die wissenschaftlichen Grundlagen basieren auf den Arbeiten von Dr. oec. troph. *Koerber* / Dipl. oec. troph. *Männle* / Prof. Dr. rer. nat. *Leitzmann*, Institut für Ernährungswissenschaften der Universität Gießen. Weiterhin stand mir Dr. med. *Klose* als Arzt immer beratend zur Seite. Von ihm wurde auch das Kapitel über Kinesiologie verfaßt.

# EINFÜHRUNG

Dieses Buch besteht vorrangig aus vielseitigen milcheiweißfreien Rezepten für alle Personen, die von einer Milcheiweißallergie betroffen sind. Die Rezepte sind so zusammengestellt, daß alle Familienmitglieder und selbstverständlich auch alle weiteren Personen mitessen können, um den Betroffenen nicht auszuschließen. Wichtig war mir auch, die milcheiweißfreie Diät so kostengünstig und wenig arbeitsaufwendig wie möglich zu halten. Das Buch wurde geschrieben, damit Ihnen zumindest im Bereich der Ernährung sowenig Probleme wie möglich entstehen.

Ein kurzer einführender theoretischer Teil darf natürlich nicht fehlen, denn die Betroffenen müssen über die Hintergründe ihrer Allergie ein Minimum an Wissen mitbringen, um mit der Zubereitung einer Diät zurechtzukommen. Ebenso ist ein kurzes Kapitel über eine Behandlungsmöglichkeit von Allergien eingefügt. Die sogenannte Kinesiologie bietet eine Möglichkeit der schmerzfreien und gefahrlosen Austestung und Behandlung von Allergien, die vielleicht auch Ihnen weiterhilft. Vor allem stellt sie eine hoffnungsvolle Alternative zur schulmedizinischen Allergiebehandlung dar, die leider in vielen Fällen erfolglos bleibt, denn gerade Nahrungsmittelallergien lassen sich mit herkömmlichen Methoden kaum nachweisen und behandeln.

Wichtig ist in jedem Fall, daß Sie vor Durchführung einer Diät unbedingt mit einem kompetenten Arzt oder Ernährungsberater sprechen, der Ihnen bei allen anfallenden Problemen und Fragen zur Seite steht. Oft ist eine parallele Behandlung zur Wiederherstellung einer gesunden Darmflora empfehlenswert, um die Diät zu unterstützen. Auch sollte abgeklärt werden, ob sich Pilze (Candida albicans) im Darm angesiedelt haben. Diese Pilze können weiterhin arge Beschwerden verursachen, selbst wenn das eigentliche Allergen aus der Nahrung entfernt ist. Auf welche Art und Weise dies geschieht, sollten Sie mit einem Arzt oder Heilpraktiker besprechen. Die Suche nach einem kompetenten Arzt ist oft recht schwierig. Ärzte, die sich mit Naturheilverfahren beschäftigen, können Ihnen jedoch meist weiterhelfen. Im Anhang finden Sie eine Adresse, bei der Sie den für Sie am nächsten gelegenen Arzt, der kinesiologisch arbeitet, ausfindig machen können.

Erwähnt werden muß auch die psychische Seite einer solchen Krankheit und Diät. Häufig hat der Körper seine krankhafte Reaktion auf bestimmte Lebensmittel schon innerhalb von 6 bis 8 Wochen nach striktem Ausschluß des entsprechenden Allergens abgelegt. Zwei Monate sollten Sie also in jedem Fall ganz streng an Ihrer Diät festhalten. Es kommt aber auch vor, daß eine Allergie über Monate oder gar lebenslang besteht. Die Zeit bis zum „normalen“

Leben scheint dann oft lang und fordert viel Engagement. Spontane Aktionen stellen für den Betroffenen eine große Herausforderung dar, wie z. B. ein Eis in der Eisdiele, eine Einladung bei Freunden, das schnelle Essen an der Ecke oder aus der Gefriertruhe, Mahlzeiten bei Festlichkeiten. In keinem Fall sollten Sie und Ihre Familie auf diese Aktivitäten verzichten und sich zurückziehen. Im Gegenteil: Machen Sie auf Ihre Situation aufmerksam — häufig stoßen Sie auf viel Verständnis und wecken außerdem die Erkenntnis, daß für viele Menschen alltägliche Dinge eben nicht selbstverständlich sind.
Mit ein wenig Planung und Information läßt sich vieles regeln. Unser Sohn mußte diese Diät zweieinhalb Jahre durchhalten! Wir würden diesen Aufwand jederzeit wieder betreiben. So hatte ich z. B. immer kleine Mahlzeiten, Kuchen und Eis in der Gefriertruhe vorrätig. Freunde und Verwandte, bei denen wir häufig spontan eingeladen wurden, hatten immer Brot, Margarine und Sojamilch im Haus. Selbst zwei unserer Lieblingsrestaurants hatten Verständnis, wenn wir Pizzateig oder entsprechende Lebensmittel mitbrachten. Mit Geduld und Liebe ist dies alles zu regeln. Es darf nur innerlich nicht zur Last werden, gerade wenn Kinder betroffen sind. Sie merken dies und wollen ja gar keine Extrarolle spielen. Sollten in Ihrer Familie also Kinder betroffen sein, versuchen Sie, die Umstände als ganz normal und dazugehörig zu betrachten — Ihr Kind wird es genauso empfinden und durchhalten wie Sie selbst. Ich hoffe, daß auch Sie feststellen werden, daß man ohne Milcheiweiß „ganz normal" kochen und backen kann. Und denken Sie daran, eine strikte Einhaltung der Diät ist für den Erfolg ausschlaggebend. Schon kleine Fehler können hier unangenehme Folgen haben.

# ERNÄHRUNGSWISSENSCHAFTLICHE ASPEKTE BEI EINER MILCHEIWEISSFREIEN DIÄT

Da unsere Gesellschaft einen recht hohen Verzehr von Milch und Milchprodukten aufweist und durch diese auch wesentliche Nährstoffe geliefert werden, scheint der Verzicht auf Milcheiweiß dem ersten Anschein nach zu Lükken in der Versorgung mit wichtigen Nährstoffen zu führen. Diese Sorge ist bei einer gesunden vollwertigen Ernährung ohne Milcheiweiß meist unbegründet.
Milch und Milchprodukte versorgen uns mit Vitaminen und Mineralstoffen, in besonderem Maße mit den Vitaminen $B_2$, $B_{12}$ und mit Kalzium. Die Vitamine des B-Komplexes, Kalzium und Eisen sind generell in unserer Bevölkerung „kritische" Nährstoffe, d. h., die Versorgung mit den empfohlenen Mengen ist oft nicht gewährleistet. Dieses liegt an den Eßgewohnheiten unserer Gesellschaft. Es werden vor allem industriell verarbeitete (raffinierte) Lebensmittel verwendet, wogegen uns jedoch nur die nichtverarbeiteten Nahrungsmittel mit wichtigen Nährstoffen ausgewogen versorgen können. Abgesehen von Milch und Milchprodukten sind die kritischen Nährstoffe vorrangig im vollen Korn, in Nüssen, Samen und Fleisch enthalten. Dies bedeutet, daß bei einer milcheiweißfreien Ernährung die gezielte Zufuhr von Kalzium und eventuell B-Vitamin-Präparaten allein durch eine vollwertige Nahrungsauswahl umgangen werden kann. Die bewußte Verwendung von kalzium- und vitamin-B-haltigen Nahrungsmitteln ist jedoch wichtig.
Der Sinn einer vollwertigen Ernährung ist eine ausgewogene Versorgung unseres Organismus mit allen notwendigen Nahrungsinhaltsstoffen. Nur wenn unser Körper optimal mit allen notwendigen Nährstoffen versorgt wird, kann auch der Stoffwechsel störungsfrei funktionieren. Ein störungsfreier Stoffwechsel ist wiederum Voraussetzung für gute Abwehrkräfte und eine geringe Allergieneigung. Von daher ist gerade für Allergiker eine derartige vollwertige Ernährung unabdingbar. Dies gilt ebenso für Kinder (insbesondere, wenn sie die Veranlagung zu Allergien schon von ihren Eltern mitbekommen haben), deren Abwehrkräfte erst etwa ab dem vierten Lebensjahr voll ausgebildet sind.
Das Prinzip einer vollwertigen Ernährung ist denkbar einfach und logisch. Sie müssen lediglich darauf bedacht sein, daß die Nahrungsmittel entweder gar nicht oder nur gering verarbeitet sind. Isolierte und raffinierte Produkte wie Zucker und Auszugsmehle sind zu meiden. Eine große Hilfe für die Auswahl von Nahrungsmitteln bietet eine Tabelle von *Koerber* und *Männle* (s. Literaturverzeichnis), die in Form eines Posters einen guten Überblick gibt. Eine farbige Küchenausgabe dieser Tabelle sollte zumindest anfangs nicht fehlen.

Wie sieht nun eine vollwertige Ernährung ohne Milcheiweiß aus? Milch und Milchprodukte versorgen uns mit essentiellen Aminosäuren, Vitaminen und Mineralstoffen. Die Milchsäure von vergorenen Milchprodukten wirkt sich sehr günstig auf die Darmflora aus. Da Milchsäure von Milcheiweißallergikern vertragen wird, kann sie in Form von Sojajoghurt und milchsaurem Vergorenem (Sauerkraut) aufgenommen werden. Die Nährstoffe der Milch können durch den Verzehr von reichlich pflanzlicher Kost (Vitamin $B_2$ und Kalzium), vollwertigem Getreide, von Hülsenfrüchten, insbesondere Sojabohnen (Mineralstoffe), Nüssen, insbesondere Mandeln (Kalzium und $B_2$), Fleisch und Fisch (essentielle Aminosäuren, $B_{12}$ und Eiweiß) ersetzt werden. Im Prinzip reicht es also, wenn Sie anstelle von Milch und Milchprodukten vollwertige Gerichte, angereichert mit Mandeln, Gemüse, Obst, Hülsenfrüchten, Keimen und Soja, zu sich nehmen, ohne daß ein Mangel an Nährstoffen befürchtet werden muß.
Um Ihnen die Auswahl von Nahrungsmitteln für Ihre Diät zu erleichtern, möchte ich Ihnen im folgenden noch die wichtigsten Nahrungsmittel mit ihren Nährstoffen vorstellen. Detaillierte Informationen müssen Sie jedoch den zahlreichen im Buchhandel vorhandenen Büchern entnehmen.

### *Getreide*

Die mangelnde Zufuhr von B-Vitaminen in unserer Gesellschaft liegt vorrangig begründet im Verzehr von Auszugsmehlen, da sich Vitamine und Mineralstoffe in den Randschichten des Getreides befinden. So beträgt z. B. der Mineralstoffgehalt von Weizenmehl Type 405 (handelsübliches helles Mehl) 380 bis 470 mg/100 g und von Weizenvollkornmehl mindestens 2200 mg/100 g, von Roggenmehl Type 610 (handelsübliches Roggenmehl) 580 bis 650 mg/100 g und von Roggenvollkornmehl mindestens 2000 mg/100 g. Der Verlust an Vitaminen in Auszugsmehlen beträgt durchschnittlich 70%, an B-Vitaminen sogar bis zu 90%.

### *Obst und Gemüse*

Obst und Gemüse weisen eine hohe Dichte an Vitaminen und Mineralstoffen auf, vor allem auch an kritischen Nährstoffen (Folsäure, $B_2$ und Eisen). Bei einer milcheiweißfreien Diät sind Kartoffeln (viel Vitamin A, $B_1$, $B_2$, Niacin und Mineralstoffe) und Hülsenfrüchte (viel Vitamin $B_1$, $B_2$, $B_6$, Eiweiß, Folsäure und Eisen) besonders zu empfehlen. Sojabohnen (eine Hülsenfrucht) werden weiterverarbeitet zu Sojadrink, Sojajoghurt und vielen anderen kuhmilchähnlichen Produkten und sind bei einer milcheiweißfreien Ernährung als Milchersatz bei der Zubereitung von Speisen hilfreich. Leider werden Sojabohnen als

Monokultur angebaut, was vermehrten Einsatz von Pestiziden und Mineraldünger bedingt. Außerdem ist die Verarbeitung sehr aufwendig. Da auch Sojaeiweiß nicht selten Allergien auslöst, ist sein Einsatz kritisch zu sehen. Aber wir meinen, daß Soja, in Maßen für die begrenzte Zeit einer Milcheiweißkarenz, eine praktische und akzeptable Alternative darstellt.

*Fette*

Generell wird in unserer Gesellschaft zu viel (tierisches) Fett verzehrt. Daher wirkt sich ein Verzicht auf Butter und Käse eher positiv aus. Bestimmte Fette und Öle versorgen uns mit wichtigen mehrfach ungesättigten Fettsäuren und Vitamin E. Die Versorgung mit mehrfach ungesättigten Fettsäuren und Vitamin E ist durch den mäßigen Verzehr von kaltgepreßten Ölen, Samen (Nüsse), Keimen und ungehärteter Margarine (Vorsicht! Die meisten Margarinen enthalten Milcheiweiß) gewährleistet.

*Getränke*

Als tägliches Getränk zum Durstlöschen können Wasser, Tee und verdünnte Fruchtsäfte ohne Zuckerzusatz empfohlen werden. Bei gleichzeitigem Verzehr von Fruchtsaft, Obst (Zucker!) und Vollkornbrot können empfindliche Menschen Beschwerden bekommen. Tee sollte nach Möglichkeit gar nicht, und wenn, dann nur mit Honig, gesüßt werden.

*Fleisch und Wurstwaren*

Abgesehen davon, daß in unserer Bevölkerung eine Überversorgung an (tierischem) Eiweiß herrscht, enthalten Wurstwaren sehr viel Fett und oft auch Milcheiweiß!
Zuviel Eiweiß verschlechtert die Kalziumbilanz des Körpers. Es sind nicht mehr als 2 bis 3 Fleischmahlzeiten pro Woche zu empfehlen, wobei auf Schweinefleisch ganz verzichtet werden sollte. Aufgrund langjähriger Beobachtung sind Schweinefleisch sowie Schweinefett (meist nur als „tierisches Fett" deklariert!) besonders während einer Allergiebehandlung und Darmsanierung nicht empfehlenswert, da sie die Darmflora negativ beeinflussen. Als Fleisch empfehlen sich Geflügel, Wild und Rindfleisch. Anstelle von Wurstwaren sind viele andere interessante Brotaufstriche zu finden. Im Reformhaus wird eine gute Auswahl an milcheiweißfreien und wurstfreien Brotaufstrichen geboten — oder Sie bereiten sich Brotaufstriche selbst zu.

*Zucker*

Der hohe Verzehr von isolierten Zuckern ist maßgebend mitverantwortlich dafür, daß wichtige Vitamine trotz reichhaltigen Nahrungsangebotes in unserer Ernährung nicht ausreichend aufgenommen werden. Als isolierte Zucker werden alle industriell hergestellten Zuckerarten, wie Haushaltszucker, Fruchtzucker, Traubenzucker, Rohrzucker und Kandis, bezeichnet. Durch die Verarbeitung werden ihnen praktisch alle wichtigen Inhaltsstoffe entzogen. Abgesehen davon, daß isolierte Zucker reine Kalorienträger sind und medizinisch gesehen kein Bedarf an ihnen besteht, rauben sie dem Körper wichtige B-Vitamine und verursachen bei empfindlichen Menschen in Verbindung mit Vollkornbrot und Rohkost (Salate und Müsli) Beschwerden, meist Blähungen und Sodbrennen.

Darüber hinaus können sich bei übermäßigem Zuckerverzehr Candida-Hefepilze im Darm ansiedeln. Diese Erkrankung, die heute relativ häufig auftritt, kann Durchfälle, Blähungen, Afterjucken und Hautausschläge auslösen und im Extremfall sogar tödliche Folgen haben. Besonders bei Personen mit Nahrungsmittelallergien ist die Darmflora (natürliche Bakterienbesiedlung im Darm) meist gestört, wodurch eine Fehlbesiedlung des Darmes mit schädlichen Bakterien und Pilzen leicht auftritt. Ein zweiwöchiger Verzicht auf jegliche Zuckerarten (also auch auf Obst und Fruchtsäfte) läßt die Pilze gewöhnlich absterben. Sie sollten Ihren Arzt oder Heilpraktiker auch nach einer Darmsanierung durch körpereigene Bakterien fragen (Symbioselenkung), die Ihre Diät unterstützt.

Da wir gewohnt sind, süß zu essen, stellt der Verzicht auf isolierte Zucker bei einer Ernährungsumstellung sicher eine schwere Anforderung dar. Aber das Verlangen nach Süßem läßt nach 2 bis 4 Wochen von ganz allein nach, wobei diese Wochen zugegebenermaßen viel Durchhaltevermögen verlangen. Sie fühlen sich meist schlecht und haben Heißhunger auf Süßes, denn „der Pilz kämpft um sein Überleben“. Wenn kein Pilzbefall besteht, können sie anstelle von isolierten Zuckern Honig, Fruchtdicksaft, Trockenobst und frisches Obst zum Süßen verwenden. Obwohl diese Zutaten auch vorrangig aus Zucker bestehen, sind sie Naturprodukte und enthalten zahlreiche Mineralstoffe, Enzyme und Vitamine. Dennoch sollten Honig und Fruchtdicksäfte nicht pur und nicht im Übermaß verwendet werden.

Trotz aller Nachteile von isolierten Zuckern brauchen Sie nicht vollständig darauf zu verzichten, sofern der Gebrauch kontrolliert, also nicht täglich stattfindet und Zucker vertragen wird. Wir empfanden es in der Anfangszeit unserer Vollwerternährung als hilfreich, uns feste Zeiten zu setzen: So gab es sonntags Kluntjes in den Tee, nach dem Kinderturnen durften unsere Kinder wie alle anderen ihre Gummibärchenration beim Turnleiter abholen, und zum

Kindertreff gab es „herkömmlichen“ Kuchen. Eine Isolierung von Kindern ist sicher schlimmer als der gelegentliche Genuß von Süßem.
Wenn Sie diese Richtlinien bei einer milcheiweißfreien Diät beachten, sind keine Mangelerscheinungen zu erwarten. Die Umstellung von der herkömmlichen Ernährung auf eine vollwertige Ernährung ist jedoch nicht für jeden einfach. Damit soll Ihnen keinesfalls der Mut genommen werden. Im Gegenteil, halten Sie durch und Ihr Körper wird es Ihnen danken, auch wenn Sie vorerst vielleicht mit einer Geschmacksanpassung zu kämpfen haben und sich ihre Darmflora an vollwertige Produkte erst anpassen muß, was zunächst zu Blähungen führen kann. Anfangs sind eine strikte Einhaltung der Diät sowie eine eventuelle Symbioselenkung (s. Seite 20 f) sicher empfehlenswert, da die Darmflora bis zur Feststellung der Milcheiweißallergie in den meisten Fällen geschädigt wurde. Sofern keine angeborene Kuhmilchunverträglichkeit vorliegt (was sehr selten vorkommt), führt die strikte Einhaltung der Diät in den meisten Fällen dazu, daß die Allergiebereitschaft schon nach wenigen Wochen zumindest nachläßt oder sogar ganz verschwindet.
Jedoch möchte ich vor einem Fanatismus warnen. Selbst ein sehr konsequenter Mensch wird bisweilen das Verlangen nach einem Stück Schokolade haben und heimlich eines naschen. Genießen Sie es, und seien Sie nicht enttäuscht von sich selbst! Nur bitte kein Gewohnheitsnaschen! Schon nach einem halben Jahr werden Sie merken, wie Ihr Körper Ihnen Ihr Durchhaltevermögen dankt: Sie werden in der Regel Ihre allergischen Reaktionen nicht mehr haben, und auch ein Schnupfen wird Sie nicht mehr viermal, sondern vielleicht nur noch einmal im Jahr ärgern.

## Nahrungsmittel, die Milcheiweiß enthalten (können)

Milcheiweiß ist leider nicht einfach nur in Milch und Milchprodukten enthalten, sondern auch in vielen Nahrungsmitteln, in denen man auf Anhieb kein Milcheiweiß vermutet. Von daher ist es wichtig, immer die Liste der Inhaltsstoffe durchzulesen, bevor ein Produkt gekauft wird. Dabei ist nicht immer der Begriff Milcheiweiß aufgeführt, auch hinter Wortteilen wie Molke-, Kasein- und Lakto- sowie sämtlichen Namen von Milchprodukten, können milcheiweißhaltige Inhaltsstoffe versteckt sein. Auch „tierisches Fett“ kann Milcheiweiß oder Schweinefett beinhalten. Im Zweifelsfall sollten Sie Produkte, bei denen diese Begriffe in der Zutatenliste auftauchen, meiden.
Weiterhin können die Inhaltsstoffe von Zutaten Milcheiweiß enthalten. Einzelne Bestandteile, die weniger als 2% des Gesamtanteiles betragen, müssen in Deutschland nicht in der Zutatenliste aufgeführt werden. So enthalten z. B. fast alle Margarinen Milcheiweiß, aber der Milchbestandteil einer Margarine

wird selten auf der Verpackung zu finden sein. Hier hilft es nur, die in diesem Kapitel aufgezählten Nahrungsmittel, welche Milcheiweiß enthalten können, zu kennen und Produkte, die diese enthalten, zu meiden.
Das größte Problem stellen die unverpackten Lebensmittel, wie Backwaren, Fleisch- und Wursterzeugnisse und Restaurantgerichte, dar. Sie sind darauf angewiesen, Ihren Fleischer oder Bäcker genauestens zu befragen, ob er Milcheiweiß in irgendeiner Form verwendet. Lassen Sie dem Befragten bitte Zeit, in Ruhe die Zutaten für seine Produkte durchzugehen, und erklären Sie ihm, wie wichtig für Sie die genaue Auskunft ist.
Milcheiweiß in Form von Trockenmilchprodukten oder isolierten Milchproteinen wird im Haushalt kaum verwendet, bei industriell hergestellten Lebensmitteln jedoch in beträchtlichem Maße. Diese Formen des Milcheiweißes werden vor allem als Bindemittel, Emulgator, Schaummittel, zur Eiweißanreicherung oder Geschmacksverstärkung eingesetzt. Daher ist es schwer, Wurstwaren, Backwaren, Süßwaren und Fertigprodukte zu kaufen, die frei von Milcheiweiß sind.
Sofern Sie nicht genau wissen, ob Sie nur das Milcheiweiß von Kühen oder auch das anderer Säugetiere nicht vertragen, sollten Sie vorsichtshalber auch auf Milchprodukte von Schafen und Ziegen verzichten (z. B. Ziegenkäse oder Schafsmilch). In seltenen Fällen vertragen Babys selbst das in die Muttermilch übergegangene Kuhmilcheiweiß nicht (auch andere Allergene können in die Muttermilch übergehen und beim Säugling allergische Reaktionen auslösen). Wenn Ihr Baby also sehr viel spuckt und sehr früh nach anderer Nahrung verlangt, sollten Sie an eine Milcheiweißallergie denken. Häufig ist die Störung schon behoben, wenn die Mutter selbst auf Milch und Milchprodukte verzichtet. Näheres müssen Sie unbedingt mit dem Arzt besprechen.

## Nahrungsmittel, die Milcheiweiß enthalten:

Milch
Buttermilch
Dickmilch
Joghurt
Sahne
Butter
Quark
Käse
Kondensmilch
Milcheis
Milchgetränke (Kakao, Fruchtmilch usw.)
Kefir

## Nahrungsmittel, die Milcheiweiß enthalten können:

*Backwaren, z. B.:*

Brot
Knäckebrot
Zwieback
Toastbrot

Brötchen
Kuchen
Gebäckteilchen
Kekse
Waffeln
Fertigteigmischungen

*Wurst und Fleischprodukte, z. B.:*

Bockwürstchen
Fleischkonserven
Pasteten
Hackfleisch in Fertiggerichten
(Ravioli, Hamburger usw.)
paniertes Fleisch
alle Wurstsorten
(außer: Salami, Cervelatwurst,
Schinken roh und gekocht,
Corned beef)

*Süßwaren, z. B.:*

Schokolade
Schokoladenprodukte
(Streusel, Kakaopulver,
Kuvertüren usw.)
Speiseeis
Puddings und Desserts
Bonbons
Nougat
Müsliriegel

*Sonstiges, z. B.:*

Margarine
Fertigsoßen
Fertiggerichte
Salatdressings
Gewürzmischungen
Nuß-Nougat-Cremes
Sojaprodukte

## Nahrungsmittel und ihre Inhaltsstoffe, die für eine milcheiweißfreie Ernährung von Bedeutung sind

### Nahrungsmittel, die kein Milcheiweiß enthalten:

Kartoffeln
Reis
Nudeln
Gemüse
Getreide
Obst
Konfitüren
Speiseöle
Honig
Nüsse und Mandeln
Mineralwasser
Fruchtsäfte
Kaffee
Tee

Die Auflistung der Nahrungsmittel, die Milcheiweiß enthalten können, ist um etliches länger. Da die Rezepte dieses Buches den Originalrezepten so gut wie möglich angeglichen sind, werden Sie mit etwas Geduld und Übung dennoch auf kaum etwas verzichten müssen. Sehr wichtig bei einer milcheiweißfreien Diät ist es, daß dem Körper alle wichtigen Nährstoffe in ausreichender Menge angeboten werden. Wie auf S. 10 ff erläutert, sind dies vor allem Kalzium, Vitamine der B-Gruppe und Eiweiß. Nahrungsmittel, die diese Nährstoffe in besonderem Maße enthalten, sind im folgenden aufgezählt.

*Kalziumreiche Nahrungsmittel:*

Hülsenfrüchte (auch Sojabohnen)
Hagebutten
Grünkohl
Sardinen
Mandeln
Haselnüsse
Sesamsamen
Sellerie
Broccoli
Spinat

*Vitamin-$B_2$-(Riboflavin-)reiche Nahrungsmittel:*

Vollgetreide (jedoch nicht in Auszugsmehlen)
Keimlinge
Eigelb
Fleisch und Geflügel
Mandeln
Champignons

*Eiweißreiche Nahrungsmittel:*

*pflanzlich:*

Hülsenfrüchte
Vollgetreide (jedoch nicht in Auszugsmehlen)
Nüsse und Samen

*tierisch:*

Eier
Fisch
Fleisch

Wenn Sie bevorzugt diese Nahrungsmittel als normale Mischkost auf vollwertiger Basis zu sich nehmen, dürften keine Nährstoffmängel auftreten.

„Kinesiologie", auf deutsch „Lehre von der Bewegung", ist eigentlich kein passender Begriff für den „Muskeltest". Er hat sich aber inzwischen weltweit eingebürgert für eine Methode, den Körper „zu befragen".
Anfang der sechziger Jahre entdeckte der Chiropraktiker *George Goodheart*, daß derselbe Muskel auf eine Dehnung einmal „stark" und das andere Mal „schwach" reagieren kann, d. h., die Art der Reaktion kann sich innerhalb von Sekundenbruchteilen ändern. Mit etwas Übung kann jeder Mensch das an einer Testperson spüren. Unter normalen Umständen sind die meisten Muskeln „stark". Unter verschiedenen äußeren und inneren Einflüssen kann ein Muskel plötzlich „umschalten", d. h., seine Reaktionsweise wird anders, er reagiert „schwach". Diese Eigenschaft des Körpers, auf Reize zu reagieren, die bisher wissenschaftlich noch nicht erklärt werden kann, haben sich nun Menschen verschiedener Berufszweige zunutze gemacht: Krankengymnasten, Lehrer, Psychologen, Ärzte und Heilpraktiker.

## Austestung von Nahrungsmittelunverträglichkeiten und -allergien

Unter Nahrungsmittelunverträglichkeiten in irgendeiner Form leidet wahrscheinlich ein Drittel unserer Bevölkerung. Neben echten Allergien gibt es auch Unverträglichkeiten durch angeborene oder erworbene Mängel an Verdauungsenzymen und Entgiftungsenzymen in der Leber. Am bekanntesten sind die Milchzuckerunverträglichkeit (Laktoseintoleranz) und die Glutenunverträglichkeit (Sprue, Zöliakie). Den größten Bereich dürften aber die Nahrungsmittelallergien darstellen, wobei nicht nur an das Nahrungsmittel selbst, sondern auch an zugesetzte Konservierungsmittel, Farbstoffe und andere sogenannte „E-Stoffe" gedacht werden muß.
Sehr viele Menschen machen an sich oder ihren Kindern die Erfahrung, daß sie bestimmte Nahrungsmittel nicht vertragen, ohne daß Ärzte einen krankhaften Befund erheben oder eine Allergie feststellen können. Dies liegt aber nicht daran, daß diese Patienten alle Simulanten sind oder alles „psychisch" oder eingebildet ist, sondern daran, daß die herkömmliche Medizin bisher keine einigermaßen sichere Methode hat, Nahrungsmittelallergien festzustellen oder auszuschließen. Dieser Sachverhalt muß einmal ganz klar betont werden, da er auch den meisten Ärzten nicht bewußt ist. Hauttests und Tests auf spezifische Immunglobuline (Antikörper) im Blut funktionieren gut bei „äußeren Allergien", wie Pollen-, Hausstaub-, Tierhaar- und Kontaktallergien, aber nicht bei

Nahrungsmittelallergien! In der Forschung ist dieses Problem zwar schon gelöst, aber die Methode ist für die breitere Anwendung noch nicht geeignet. Daher werden Patienten mit Verdacht auf schwerwiegende Nahrungsmittelallergien immer noch stationär aufgenommen und u. U. wochenlang mit Karenz- und Suchdiäten ausgetestet. Und weil es nur selten gelingt, schulmedizinisch Nahrungsmittelallergien zu diagnostizieren, gehen die meisten Ärzte immer noch davon aus, daß es diese auch nur so selten gibt. Dazu kommt, daß es früher wohl tatsächlich nicht so viele Nahrungsmittelallergien gegeben hat. In der „Alternativmedizin" gibt es nun mehrere Verfahren, Allergien, insbesondere Nahrungsmittelunverträglichkeiten und -allergien, herauszufinden. Neben der Elektroakupunkturdiagnostik, die aber sehr aufwendig und teuer ist, hat sich die Kinesiologie bewährt.

Wie funktioniert diese Methode nun praktisch? Nach der Entdeckung, daß ein Muskel einmal „stark" und einmal „schwach" reagieren kann, fand man heraus, daß ein „starker" Muskel „schwach" wurde, wenn die Testperson ein Nahrungsmittel in den Mund nahm, das sie nicht vertrug. Später beobachtete man, daß die gleiche Reaktion auftrat, wenn die Person das Lebensmittel nur berührte. Dies klingt zwar sehr spektakulär, läßt sich aber zum Teil schon physikalisch erklären. Jede Substanz sendet ihre eigenen Molekülschwingungen aus, sogenannte Elektronenplasmaschwingungen, die man mit hochempfindlichen Meßgeräten heute auch messen kann. (Bei einer absoluten Temperatur von Null Grad Kelvin kommen diese Schwingungen zum Stillstand.) Auf der anderen Seite weiß man, daß verschiedene Tiere „elektrosensibel" sind. Es gibt Fische im Amazonas, die nachweislich auf elektrische Felder reagieren, die so schwach sind wie das Feld einer Taschenlampenbatterie in 200 km Entfernung! Warum sollte nicht auch der Mensch auf schwache elektromagnetische Felder oder Schwingungen reagieren?

Wie dem auch sei — jeder, der kinesiologisch testen lernt, kann diese Erfahrung machen. Und jeder kann es lernen!

Das Testen von Allergien oder Unverträglichkeiten ist dann nur noch der kleinste Schritt. Erwachsene legen sich am besten auf eine Liege, der Tester stellt sich auf die Reaktion ein, z. B. durch leichtes Herabdrücken eines ausgestreckten Armes. Reagiert dieser „stark", werden ein oder mehrere Lebensmittel auf den Körper der Testperson gelegt und sofort die Muskelreaktion getestet. Wird sie „schwach", bedeutet dies, daß eine der Substanzen (könnte auch Verpackungsmaterial sein) auf den Getesteten einen negativen Einfluß im weitesten Sinne hat — häufig eine Allergie oder Unverträglichkeit. Da es verschiedene Fallstricke und Besonderheiten (in der Person des Getesteten, des Testers oder durch andere Umstände) gibt und die Diagnose einer Nahrungsmittelallergie nicht ohne Folgen ist, empfiehlt es sich, das Testen einem professionellen Therapeuten zu überlassen, der auch die sich daraus ergebende Therapie verantwortlich in die Hand nehmen kann. Auch Ärzte sind vor falschen Diagnosen nicht sicher, tragen dafür aber die Verantwortung. In der Hand eines Geübten und in der Erkennung und Behandlung von Allergien und Unverträglichkeiten Erfahrenen ist diese Methode von unschätzbarem Wert und kann vielen Allergiekranken wieder zu einem normalen Leben verhelfen.

## Behandlung von Nahrungsmittelallergien

Nahrungsmittelunverträglichkeiten im engeren Sinne kann man meist nicht behandeln. Allergien gegen Nahrungsmittel lassen sich gezielt behandeln — auch wenn die herkömmliche Medizin dies noch bestreitet.
Allergien können wieder verschwinden. Bekannt ist das bei Tierhaarallergien, wenn der Betroffene viele Jahre keinen Kontakt mit den entsprechenden Tieren hatte. Nahrungsmittelallergien können in acht Wochen wieder verschwinden. Voraussetzung ist allerdings das konsequente Vermeiden des Allergens in dieser Zeit. Um die Heilungschance zu erhöhen, sollten aber auch die anderen ausgetesteten Allergene gemieden und möglichst eine Darmsanierung (Symbioselenkung) durchgeführt werden. Eine intakte Darmflora ist Voraussetzung für eine intakte Darmschleimhaut und für eine dauerhafte Verminderung der Allergiebereitschaft. Andernfalls ist damit zu rechnen, daß immer wieder neue Nahrungsmittelallergien auftreten. Es gibt noch ein paar andere Faktoren, die die Allergiebereitschaft fördern — Amalgam, Candida-Pilzbesiedelung des Darmes, dauerhafte psychische Belastungen u. a.
Verschwindet nun eine Allergie trotz o. g. Maßnahmen nicht nach acht bis zwölf Wochen oder ist eine längere Karenz dem Kranken nicht zumutbar, z. B. beim Vorliegen zahlreicher Allergien, besteht heute die Möglichkeit, Allergien zu „löschen". Das gilt übrigens nicht nur für Nahrungsmittelallergien. Alle Löschmethoden sind energetische Verfahren, die — meist über das Akupunktursystem — körpereigene Regulationsvorgänge so unterstützen, daß der Körper „umschaltet" und auf eine Substanz anschließend nicht mehr „anders" (all-ergisch) reagiert, sondern normal (norm-ergisch).
Diese Verfahren können hier im einzelnen nicht erläutert werden. Aber es gibt eine kinesiologische Methode und mehrere Bioresonanz-Allergiebehandlungsverfahren. Bei letzteren werden körpereigene und Allergenschwingungen von einem Gerät über Kabel aufgenommen, elektronisch verändert und dem Körper über verschiedene Reflexzonen bzw. Akupunkturpunkte wieder zurückgegeben. Näheres können Sie von Ärzten erfahren, die sich mit Kinesiologie und Naturheilverfahren auskennen (s. Adressenverzeichnis).

## Möglichkeiten und Grenzen bei der Behandlung von Nahrungsmittelallergien

Mit dem im letzten Absatz beschriebenen Vorgehen ist es möglich, daß ein Allergiker frei von allen Allergien wird und normal leben kann. Voraussetzung ist allerdings gute Mitarbeit des Patienten. Auch wenn dies manchmal schwer ist, sollte man sich fragen, ob es nicht besser ist, acht bis zwölf Wochen eine — wenn auch vielleicht schwierige — Diät durchzuhalten, als lebenslang auf bestimmte Lebensmittel verzichten zu müssen, um keine Hautausschläge, Durchfälle, Bauchschmerzen, Blasenentzündungen, Asthmaanfälle oder Migräne zu bekommen. In Einzelfällen kann das Weglassen von allergenen Nahrungsmitteln manchmal zu regelrechten Entzugserscheinungen und Erstverschlimmerungen führen, die aber selten länger als zwei Wochen dauern.

Bei Erwachsenen ist häufig andauernder Streß das größte Hemmnis für die Behandlung. Dieser muß nicht nur von äußeren Belastungen, die nicht abgebaut werden können, herrühren, sondern beruht nicht selten auf krankmachenden inneren Einstellungen und Verhaltensweisen, die meist in früher Kindheit schon „erlernt" wurden und oft nur mit einer Psychotherapie überwunden werden können.

Natürlich gibt es auch starke angeborene Allergieneigungen. Beim Herausfinden möglichst aller Belastungsfaktoren und weitgehender Vermeidung dieser sollte aber auch diesen Menschen ein „normales" Leben möglich sein. Unter Umständen muß vorübergehend eine zusätzliche Unterstützung mit homöopathischen Mitteln, Akupunktur, Meridiantherapie, Fußreflexzonenmassage, Bioresonanztherapie oder auch einer Psychotherapie stattfinden. Bei Erwachsenen muß häufig auch die Entgiftung gefördert werden. Eventuell ist die Beseitigung von chronischen Entzündungsherden (Zähne, Nasennebenhöhlen, Mandeln) notwendig. Wenn nun auf diese Art und Weise alle oder die meisten Allergien beseitigt sind, eine Darmsanierung durchgeführt wurde, kein Amalgam und keine Pilze im Darm mehr stören, dann sollten die Allergien auf Dauer wegbleiben. Voraussetzungen sind aber, daß gesund gegessen wird und kein anhaltender Streß entsteht, d. h. gesundes und zufriedenes Leben!

„Gesundes Essen" heißt Vollwertkost ohne Zucker und Schweinefleisch (mit seltenen Ausnahmen). Ehemalige Milchallergiker sollten möglichst auf Trinkmilch verzichten, andere Milchprodukte führen seltener zu Milchallergien. „Gesundes Leben" heißt auch „Psychohygiene" zu betreiben: Konflikte bewältigen und nicht auf die lange Bank schieben oder gar verdrängen; Zufriedenheit nicht an zukünftige Bedingungen knüpfen (wenn erst . . ., dann . . .), sondern an der Gegenwart Genuß finden.

Vielleicht ist es der Sinn von Krankheiten, uns zu lehren, anders, besser mit uns, unserem Körper und unseren Mitmenschen umzugehen. Dann können wir — manchmal trotz angeborener Hindernisse — lange gesund bleiben und einmal als gesunder Mensch im Alter sterben, weil unsere Seele den Körper verlassen will und nicht weil der Körper einfach „nicht mehr mitmacht" ...

# REZEPTE

Der Hauptteil dieses Buches stellt Ihnen milcheiweißfreie Rezepte vor. Ziel dieser Rezeptsammlung ist es, daß Sie trotz des Verzichts auf Milch und Milchprodukte ganz normal weiterspeisen können, ohne große geschmackliche, finanzielle oder gar Nährstoffeinbußen hinnehmen zu müssen. Aus psychologischen Gründen haben die Rezepte ganz gewöhnliche Namen. So wird z. B. Quarkkuchen selbstverständlich ohne Quark zubereitet, wobei der Name lediglich auf die Ähnlichkeit mit herkömmlichem Quarkkuchen hinweist. Ganz ohne Abstriche geht es allerdings nicht, denn es wird geschmacklich nie möglich sein, ein Produkt vollkommen zu ersetzen. Dennoch werden Sie feststellen, daß die Rezepte den Originalrezepten sehr ähnlich sind — dies war zumindest mein Anspruch. Mehrere Testpersonen (Freunde und Bekannte, die bei uns mitgegessen haben) halfen mir bei der Beurteilung und Charakterisierung der Ergebnisse. Aufgrund dieser Beurteilungen habe ich dann die Rezepte für dieses Buch zusammengestellt.
Bei der Zubereitung milcheiweißfreier Speisen gibt es immer wiederkehrende Prinzipien. Es wird Ihnen also sehr schnell möglich sein, alle Rezepte nach Ihrem Geschmack zu variieren, und ebenso selbständig beliebte Rezepte auf „milcheiweißfrei" abzuändern. Als Milchersatzprodukte verwende ich in den Rezepten nur ein Minimum an Spezialprodukten, um zusätzliche Kosten so gering wie möglich zu halten. Sollten Sie nicht sehr viel Freude oder Zeit zum Zubereiten von Speisen haben, werden Sie feststellen, daß es in Reformhäusern heutzutage schon eine sehr reichhaltige Auswahl an milcheiweißfreien Produkten gibt. Welche Produkte verwendet werden, welche Eigenschaften sie haben und wo sie bezogen werden können, ist am Ende dieses Kapitels aufgelistet.
Da viele Menschen neben Milchprodukten auch Zucker, Eier, Weizen, Honig, Kakao oder Nüsse meiden müssen, enthalten die Rezepte, soweit wie möglich, entsprechende Varianten.
Aus ernährungswissenschaftlichen Gründen, damit die Nahrungsmittelallergie so schnell wie möglich behoben wird und die Darmflora sowie -schleimhaut möglichst rasch regenerieren, basieren alle Rezepte auf den Prinzipien einer vollwertigen Ernährung. Konkret bedeutet dies, daß nur Vollkornprodukte, Honig, viel Obst und Gemüse verwendet werden. Bevor Sie jedoch vollwertige Produkte durch raffinierte Produkte ersetzen (z. B. bei einer Honigallergie Honig durch Zucker ersetzen) was prinzipiell möglich ist, sollten Sie sich genauestens über die Konsequenzen informieren (Näheres siehe auch Seite 10ff).

**Abkürzungen, die in den Rezepten verwendet werden:**

TL = Teelöffel
EL = Eßlöffel

Die Temperaturangaben gelten für normalen Ober- und Unterhitzebetrieb auf mittlerer Höhe bei kaltem Backofen. Der Backofen sollte nach 5 bis 10 Minuten die gewünschte Temperatur erreicht haben. Da jeder Ofen anders ist, müssen Sie längere Vorheizzeiten zur Garzeit hinzurechnen. Wenn keine spezielle Heizart genannt ist, kann auch mit Heißluft gebacken werden, wobei die Temperatur 20 °C niedriger gewählt werden sollte.
Die Rezepte beziehen sich auf ca. 4 Personen. Bei Getränken sind die Mengen auf 1 bis 2 Personen abgestimmt.

**Spezielle Zutaten, die für die Rezepte benötigt werden:**

*Sojadrink:*

Sojadrink wird von mir aus rein psychologischen Gründen Sojamilch genannt — gerade für kleine Kinder ist es wichtig, daß auch sie „ihre Milch" bekommen und nicht irgendetwas anderes. Sojadrink wird aus Wasser und enthülsten Sojabohnen hergestellt und weist ähnliche Backeigenschaften auf wie Kuhmilch. Sojadrink sieht auch aus wie Kuhmilch, hat jedoch einen eigenen Geschmack und ist in vielen geschmacklichen Varianten erhältlich. Für die Rezepte in diesem Buch wird jedoch nur der reine Sojadrink ohne Zusatz von Zucker, Salz oder anderen Stoffen benötigt.

*SojaCremig:*

SojaCremig besteht aus Wasser, enthülsten Sojabohnen, Maisstärke, Guarkernmehl und Johannisbrotkernmehl und ist von puddingähnlicher, cremiger Konsistenz. SojaCremig ist in vielen Geschmacksvariationen im Reformhaus erhältlich. Für unsere Rezepte benötigen Sie lediglich SojaCremig neutral. Sie eignet sich je nach Zubereitung hervorragend als Sahne-, Quark- oder Eiersatz.

*Milcheiweißfreie Margarine von Becel oder Vitaquell:*

Es besteht keine allzugroße Auswahl an milcheiweißfreien Margarinen. Da diese Margarinen jedoch verschiedene Backeigenschaften aufweisen, möchte ich an dieser Stelle die Marken Becel oder Vitaquell nennen. Von der Marke

Becel gibt es außerdem milcheiweißfreie Margarine zum Braten und Backen. In den Rezepten wird auf die entsprechende Margarine hingewiesen, und aufgrund unterschiedlicher Eigenschaften sollten Sie sich an die spezielle Verwendung halten.
Butter wird zwar von den meisten Milcheiweißallergikern gut vertragen, da sie nur 0,5 % Milcheiweiß enthält, aus medizinischen Gründen sollten Sie aber auch auf Butter verzichten.

*Carobtafel:*

„Schokolade", die keine Schokolade ist. Eine Carobtafel wird aus Carobpulver hergestellt und ist Zartbitterschokolade sehr ähnlich. Pur genossen mag sie nicht jedermanns Geschmack sein, als Backzutat eignet sie sich jedoch hervorragend.

*Blockschokolade von Wissoll:*

Für diejenigen, die sich nicht mit Carobtafeln anfreunden können, empfiehlt sich Blockschokolade zum Backen. Die Firma Wissoll versicherte mir, daß in Blockschokolade kein Milcheiweiß enthalten ist. Wir verwenden sie häufig und hatten auch noch keinerlei Probleme.

*Dunkle Kuchenglasur von Schwartau:*

Diese Kuchenglasur ist milcheiweißfrei und kann problemlos verwendet werden.

*Mandelmus:*

Eine cremige Mandelmasse, die zu 100 % aus Mandeln besteht.

*Tofu:*

Ein fleisch- bzw. käseähnliches Produkt aus Soja.

## Zutaten, die Sie im Haus haben sollten

| Produkt | Eigenschaft | Bezugsquellen |
|---|---|---|
| Getreidekörner oder Vollkornmehl | sollte möglichst aus biologischem Anbau sein | Mühlen, Erzeuger, Naturkostladen, Reformhaus, Supermarkt |
| Mandelmus | feine, streichfähige Masse aus 100% Mandeln, Kalziumlieferant | Reformhaus oder selbst herstellen |
| Öl oder milcheiweißfreie Margarine zum Braten | als Fett für höhere Temperaturen | Reformhaus, Supermarkt |
| milcheiweißfreie Margarine mit ungesättigten Fettsäuren | Butterersatz | Lebensmittelgeschäft, Reformhaus |
| Sojadrink | Milchersatz | Reformhaus, Supermarkt |
| SojaCremig | Sahne-, Quark- und Eierersatz | Reformhaus |
| Tofu | Käse- oder Fleischersatz | Reformhaus |
| Gouda vom Schaf oder von der Ziege | Käseersatz, gut zum Überbacken | Erzeuger, Käsetheke |
| Carobtafeln oder -pulver | Schokolade- und Kakaoersatz aus Johannisbrotkern | Reformhaus, Naturkostladen |
| Blockschokolade von Wissoll, dunkle Kuchenglasur von Schwartau | Schokoladen-(guß-)ersatz | Lebensmittelgeschäft |
| kaltgeschleuderter Honig | zum Süßen und Backen | Imker, Lebensmittelgeschäft |
| frisches Obst und Gemüse | möglichst biologisch angebaut, um Schadstoffe, die Allergien auslösen können, zu meiden | Erzeuger, Markt |
| Weinsteinbackpulver | weizenfreies und zusatzstofffreies Backpulver | Reformhaus, Naturkostladen |
| Mandeln und Nüsse | Mineralstofflieferant | Lebensmittelgeschäft |
| Sojajoghurt, pur | Joghurtersatz | Ferment im Reformhaus |

# Säuglings- und Kleinkindernahrung

Vor allem Säuglinge müssen häufig vorsichtshalber zumindest das erste Lebensjahr frei von Milcheiweiß ernährt werden. Dies trifft ebenso für die stillende Mutter zu. Diese Kinder müssen zwar nicht direkt von einer Allergie betroffen sein und können daher häufig gesäuerte Milchprodukte und Butter vertragen, aber es ist meist sinnvoller, gänzlich auf milcheiweißhaltige Speisen zu verzichten, da somit das Risiko des Ausbruchs einer Allergie nochmals verringert wird. Die Rezepte dieses Kapitels können auch gut bei Durchfallerkrankungen und Erkältungen gegeben werden.

Ich möchte insbesondere darauf hinweisen, daß für Säuglinge und Kleinkinder bis mindestens 2 Jahre gewisse vollwertige Gerichte nicht zu empfehlen sind. So sollten kleine Kinder kein ungekochtes Getreide bekommen, wie z. B. im Frischkornmüsli enthalten. Sie können ungekochte Körner oder Schrot noch nicht verdauen. Ebenso verhält es sich mit Rohkostsalaten. Wenn Sie Kleinkindern Rohkostsalat anbieten, dann sollte er möglichst sehr fein gerieben und unter die Kartoffeln oder das Essen gemengt werden. Weiterhin sollten Sie wissen, daß Obstsäfte, Obst sowie isolierte Zucker die Verträglichkeit von Frischkost und Vollkornprodukten bei empfindlichen Menschen stören können. Vor allem bei Kleinkindern ist also darauf zu achten, daß Sie diese nicht zusammen geben. Erst etwa ab dem vierten Lebensjahr hat sich die Darmflora soweit gebildet, daß Sie auch Kombinationen probieren können.

Wenn Sie Ihren Säugling nicht stillen, gibt es milcheiweißfreie Fertignahrung für die Flasche zu kaufen, die auch zu empfehlen ist. Als Übergang vom Stillen zur Normalkost können Sie die Fläschchen aber auch gut selbst zubereiten. Bei Säuglingen mit bestehender Allergie oder Allergieneigung ist es auch sinnvoll, glutenhaltige Getreide (Weizen, Gerste, Hafer, Roggen) das erste Jahr zu meiden. Zu empfehlen ist hier vor allem Hirse. Hirse ist sehr gehaltvoll und schmeckt als Brei, Fläschchen und Kuchen hervorragend.

Getränke finden Sie in diesem Kapitel nicht, da Wasser und ungesüßte Tees die besten Durstlöscher sind und wohl keiner Zubereitungsanweisung bedürfen.

Da Säuglinge und Kleinkinder ihre Geschmacksvorlieben erst noch ausbilden, sollten Sie auf das Süßen möglichst verzichten. Das Essen muß nämlich nicht Ihnen, sondern Ihrem Kind schmecken. Am besten Sie gewöhnen ihm „Süßes“ gar nicht erst an.

Außer den in diesem Kapitel genannten speziellen Rezepten eignen sich auch weitere Rezepte aus anderen Kapiteln gut für Kleinkinder, zum Beispiel:


Sojajoghurt S. 107
Mandelmilch S. 34
Toastbrot S. 130
Hefezopf S. 58
Bananenmilch S. 117
Rüblitorte S. 78

## Schmelzflockenfläschchen

*240 ml Wasser*
*4 gestrichene EL Schmelzflocken*
*1 TL Mandelmus*
*1 TL Honig, wenn Sie süßen wollen*

Schmelzflocken ins kalte Wasser geben und unter ständigem Rühren aufkochen. Honig und Mandelmus untermischen. In die Flasche füllen und abkühlen lassen.

*Charakteristik:*

Diese Mischung sättigt gut und ist dennoch leicht verdaulich. Sie schmeckt durch das Mandelmus der Muttermilch recht ähnlich. Sie können selbstverständlich gleich mehrere Fläschchen zubereiten und diese im Kühlschrank einen Tag aufbewahren.

## Getreidefläschchen

*200 ml Sojamilch oder Wasser*
*1 EL frisch gemahlenes Getreide, so fein wie möglich*
*1 TL Mandelmus*
*1 TL Honig, wenn Sie süßen wollen*

Das Wasser oder die Sojamilch aufkochen. Das gemahlene Getreide unter Rühren einrieseln lassen und fünf Minuten weiterkochen. Mandelmus und Honig untermischen.
Als Getreide eignen sich alle Getreidesorten wie Weizen, Dinkel, Hirse, Gerste, Hafer und Roggen.

*Charakteristik:*

Ist besonders als Fläschchen in der Übergangszeit vom Stillen zur Normalkost und als Gerstenfläschchen bei Magenverstimmungen geeignet.

# Milchreis, einfach

*1 l Sojamilch oder Wasser*
*150 g Milchreis (Rundkorn)*
*nach Belieben mit Honig oder Ahornsirup süßen*

Die Sojamilch bzw. das Wasser zum Kochen bringen und den Reis hinzufügen und ausquellen lassen. Erst wenn der Milchreis abgekühlt ist, mit Honig oder Ahornsirup süßen.

*Charakteristik:*

Schmeckt wie herkömmlicher Milchreis.

# Milchreis, edel

*1 l Sojamilch*
*150 g Milchreis (Rundkorn)*
*100 g Rosinen*
*2 Äpfel*
*2 Eier*

Die Sojamilch zum Kochen bringen. Den Reis und die Rosinen einrühren und für ca. 40 Minuten im geschlossenen Topf auf kleinster Flamme weiterkochen. Nach ungefähr einer halben Stunde die geschälten und kleingeschnittenen Äpfel hinzufügen, die verquirlten Eier unterrühren und die restlichen 10 Minuten mitgaren lassen. Nach Belieben süßen.

*Charakteristik:*

Eine fruchtige Milchreisvariante. Besonders als Zwischenmahlzeit für vor- oder nachmittags geeignet.

*Varianten:*

Die Eier können weggelassen werden.

## Milchsuppe, einfach

*500 ml Sojamilch*
*2 EL Hirse-, Mais-, Dinkel-, Weizenvollkorngrieß oder kleine Vollkornnudeln (z. B. Buchstabennudeln)*

Die Sojamilch zum Kochen bringen und den Grieß oder die Nudeln unter Rühren einstreuen. Etwa 5 Minuten weiterkochen. Nach Belieben mit Honig oder Fruchtdicksaft süßen.

*Charakteristik:*

Ideales Frühstück auch für Klein- und Schulkinder. Selbstverständlich auch für Erwachsene — so war dies z. B. ein allmorgendlicher Bestandteil des Frühstücks für unseren Uropa.

## Milchsuppe, fein

*500 ml Sojamilch*
*2 EL Hirse-, Mais-, Dinkel- oder Weizenvollkorngrieß*
*2 Eier*
*1 EL Honig*
*1 EL Weizenkeime*

Die Sojamilch zum Kochen bringen. Den Grieß einstreuen und kurz weiterkochen lassen. Die Eier trennen und das Eigelb unterrühren. Die Milchsuppe in einen flachen Teller geben. Das Eiweiß sehr steifschlagen. Den flüssigen Honig (fester Honig kann im Wasserbad auf 40° C erhitzt und flüssig gemacht werden) unter ständigem Rühren langsam einlaufen lassen. Am besten mit einer Garnierspritze das steifgeschlagene Eiweiß als Buchstabe oder Rosette auf die Suppe spritzen. Mit Weizenkeimen garnieren.

*Charakteristik:*

Milchsuppe für besondere Anlässe oder Kinder, die „mit den Augen essen".

*Varianten:*

Bei einer Weizenallergie können auch Dinkelkörner gekeimt werden. Die Keimfähigkeit sollte bei mindestens 80% liegen, ansonsten ist das Getreide von minderer Qualität.

## Grießbrei

*Grundrezept:*

*500 ml Sojamilch*
*1 Prise Salz*
*175 g Dinkel-, Mais- oder Weizenvollkorngrieß*
*1 TL Mandelmus*
*Honig zum Süßen*

*Für die Varianten:*

*a) Obstmus*
*b) 3 Eier*
*c) 30 g gehackte Mandeln*
*100 g kleingeschnittener Apfel*
*50 g Rosinen oder anderes Obst nach Wahl*

Die Sojamilch mit dem Salz zum Kochen bringen und den Grieß unter ständigem Rühren einrieseln lassen. Noch ca. 10 Minuten weiterkochen lassen. Mandelmus unterrühren und je nach Geschmack mit Honig süßen.
Für die schnelle Zubereitung eignet sich das Grundrezept am besten.

*Charakteristik:*

Breie gehören als Übergangsernährung unbedingt zum Nahrungsangebot. Auch für größere Kinder sind sie eine gute Frühstücksabwechslung, vor allem wenn „Müslis" nicht geschätzt werden. Sollten Ihre Kinder nicht gern Breie essen, lassen Sie sie selber Honig und andere Zutaten wie z. B. Obstmus und Mandelmus am Tisch zufügen. Was selber zubereitet wird, wird auch meist gegessen!

*Varianten:*

a) Der einfache Grießbrei schmeckt sehr gut mit fertigem Obstmus (Apfelmus, Erdbeermus, Mirabellenmus usw.).

b) Für einen feinen lockeren Grießbrei 3 Eier trennen und das Eigelb unterrühren. Die Eiweiße steifschlagen und vorsichtig unterheben oder als Verzierung oben draufgeben und 15 Minuten bei 180 °C im Ofen überbacken.

c) Wenn Sie gerne fruchtige Breie mögen, kochen Sie die Sojamilch mit etwas Salz auf, lassen den Grieß mit den Rosinen einrieseln und alles ca. 5 Minuten weiterkochen. Kleingeschnittenes Obst Ihrer Wahl und Mandeln zum Schluß unterrühren und nach Belieben im Ofen mit Eischnee überbacken.

## Hirse- oder Reisbrei

*500 ml Sojamilch*
*etwas Salz*
*150 g Hirse oder Rundkornreis*
*Honig zum Süßen*

*nach Belieben:*

*30 g gehackte Mandeln*
*50 g Rosinen*
*100 g Obst, gewaschen und kleingeschnitten*

Die Sojamilch mit Salz aufkochen. Die Hirse oder den Rundkornreis einstreuen und aufkochen. Nach Belieben Mandeln, Rosinen und Obst unterrühren und 40 Minuten auf kleinster Flamme weiterkochen. Mit Honig süßen.

*Charakteristik:*

Ein wohlschmeckender Brei. Vor allem ist Hirsebrei bei Kindern sehr beliebt und auch eine gesunde Abwechslung zu den herkömmlichen Milchbreien.

# Hirseauflauf

*750 ml Sojamilch*
*125 g Hirse*
*50 g milcheiweißfreie Margarine*
*1 Prise Salz*
*3 Eier*
*ca. 500 g Obst nach Belieben*
*Honig zum Süßen*

Die Sojamilch mit dem Salz aufkochen. Die Hirse einrieseln und 30 bis 40 Minuten auf kleinster Flamme weiterkochen. Die Eier trennen. Die Eigelbe und Margarine in den Hirsebrei geben und unterrühren. Die Masse in eine Auflaufform geben und das gesäuberte und kleingeschnittene Obst hinzufügen (z. B. Äpfel, Pflaumen, Kirschen oder Rosinen). Nach Belieben mit Honig süßen. Zum Schluß das steifgeschlagene Eiweiß darauf verteilen.
Bei 180 °C 30 Minuten im Backofen überbacken.

*Charakteristik:*

Reichhaltiger, sättigender Auflauf.

## Mandelsprossenmilch

*100 g Mandelsprossen*
*300 ml Wasser*
*1 Prise Salz*

Die Sprossen in einem Mixer pürieren. Wenn die Masse nicht flüssig genug ist, durch ein feines Sieb geben.

*Charakteristik:*

Ein nahrhaftes Getränk, das der Muttermilch sehr ähnlich schmeckt.

*Varianten:*

Wenn Ihnen das Keimen zu viel Mühe bereitet, können Sie auch Mandeln nehmen. Die Mandelmilch ist dann nicht mehr ganz so nahrhaft, da sich beim Keimen die Inhaltsstoffe erheblich anreichern.

## Mandelmilch

*10 g Mandelmus*
*4-5 g Milchzucker*
*90 ml Wasser*

Alle Zutaten gut verrühren.

*Charakteristik:*

In dieser Zusammensetzung entspricht der Nährstoffgehalt der Mandelmilch weitgehend dem der Muttermilch.

# Karottenbrei

*2 Karotten*
*2 EL Wasser*
*2 Tropfen kaltgepreßtes Öl*

Die Karotten mit dem Öl in das kochende Wasser geben und gardünsten. So klein wie möglich zu Mus quetschen oder rühren.

*Wichtig:*

Es ist darauf zu achten, daß den Karotten Fett zugeführt wird, da das Vitamin A nur in Verbindung mit Fett vom Körper ausgenutzt werden kann. Kaltgepreßtes Öl eignet sich bei einer Milcheiweißunverträglichkeit am besten.

# Karottenwasser

*1 mittelgroße Karotte*
*100 ml Wasser*
*1 Tropfen kaltgepreßtes Öl*

Die Karotte schälen und in kleine Stückchen schneiden. Zusammen mit dem Wasser für 5 bis 10 Minuten mit geschlossenem Deckel kochen. Das Wasser ins Fläschchen geben, den Tropfen Öl hinzufügen und abkühlen lassen.

*Charakteristik:*

Ein wohlschmeckendes Getränk für den Säugling. Da Säuglinge pures Wasser meist nicht mögen und Fencheltee als Grundgetränk auch nicht unbedingt zu empfehlen ist, stellt Karottenwasser eine gute Alternative dar.

*Varianten:*

Ab etwa 6 Monaten können Sie dem Karottenwasser Obstsaft (ohne Zucker!) zugeben.

## Frühstück

Zum Frühstück können Sie natürlich Brot und milcheiweißfreie Margarine mit Auflage essen, so wie Sie es höchstwahrscheinlich gewohnt sind. Ich möchte Ihnen aber auch einige andere leckere Frühstücksideen vorstellen. Außerdem eignen sich auch Rezepte aus anderen Kapiteln gut zum Frühstück, wie z. B.:

Milchsuppe S. 30
Brotaufstriche S. 110ff
Pfannkuchen S. 40
Hefezopf S. 58
als besonderes, leichtes Brot. Schwaben essen Hefezopf ohne Aufstrich und tunken ihn in den Kaffee (bei Kindern Getreidekaffee). Vor allem Kindern macht diese Variante viel Freude!

# Müsli

*Zubereitung für 2 Personen:*

*1 EL Getreidekörner* je nach Wunsch und Geschmack fein gemahlen bis geschrotet mit Wasser bedecken und über Nacht ca. 12 Stunden ziehen lassen. Dies ist die Vorbereitung für alle Müslis. Als Getreide können sämtliche Körner wie Gerste, Weizen, Hafer, Roggen, Hirse, Buchweizen und Dinkel verwendet werden. Am nächsten Morgen kann das Müsli nun nach Geschmack angerichtet werden. Um ein Frischkornmüsli jedoch gut zu verdauen, sollte Ihr Magen in Ordnung sein. Wenn Sie sich nach dem Verzehr von Müsli voll und müde fühlen, probieren Sie es zu einem späteren Zeitpunkt noch einmal.

Nun einige Vorschläge:

*Schnelles Müsli:*

*Sojacreme,* über Nacht eingeweichte *Rosinen, Honig, Mandelmus* und *Obstmus* zum Getreide geben, umrühren, fertig.

*Apfelmüsli:*

*Sojamilch, kleine Apfelstückchen* und eingeweichte *Rosinen* zum Getreide geben, umrühren, fertig.

*Trockenobstmüsli:*

Kleingeschnittenes *Trockenobst* und *Rosinen* über Nacht einweichen. Morgens zusammen mit *Sojacreme, Honig* und *Mandelmus* zum Getreide geben, umrühren, fertig.

*Bananenmüsli:*

*1 Banane* kleinquetschen und mit etwas *Sojamilch* und *Mandelmus* unter das Getreide rühren, fertig.

*Müsli, edel:*

Über Nacht eingeweichte *Rosinen,* kleingeschnittener *Apfel,* gequetschte *Banane, Sojacreme, Mandelmus, Honig, Getreidekeimlinge* und *Saisonobst* (z. B. *Erdbeeren, Heidelbeeren* oder *Mirabellen*) zum Getreide geben und gut verrühren. Guten Appetit!

## Früchtequark

*150 g SojaCremig*
*1 EL Obstmus, Honig und/oder Mandelmus*

Sojacreme beliebig mit Obstmus, Honig und Mandelmus vermengen.
Diese Mischung schmeckt allein ebenso wie als Soße zu Granola (geröstete Müslimischung S. 94), Haferflocken oder anderen Getreideflocken und Fertigmüslis (obwohl ich von Fertigmüslis abraten möchte, da sie meist entschieden zuviel Zucker enthalten und nicht frisch genug sind).

## Hirsebrei mit Trockenobst

*250 ml Sojamilch*
*50 g Hirse*
*50 g Trockenobst, zerkleinert*
*1 EL Mandelmus*
*Honig nach Belieben*

Das kleingeschnittene Trockenobst über Nacht einweichen. Am nächsten Morgen die Sojamilch aufkochen, die Hirse und das Trockenobst einstreuen und 30 bis 40 Minuten weiterkochen. Mit Honig und Mandelmus abschmekken.

## Haferflocken mit Kakao

*150 g Haferflocken grob oder fein*
*1 TL Kakaopulver*
*200 ml Sojamilch*
*Honig nach Bedarf*

Sojamilch mit dem Kakaopulver und Honig gut verrühren, am besten mit einem elektrischen Mixer oder Zauberstab, und über die Haferflocken geben.

# Warme Mahlzeiten

Die warmen Mahlzeiten stellen für eine milcheiweißfreie Diät kaum ein Problem dar, wenn einige wenige Dinge beachtet werden: Zum Braten sollte Öl verwendet werden, aber nicht zu stark erhitzen, da dann krebserregende Substanzen entstehen; für Gemüse (z. B. Rotkohl) eignet sich entweder milcheiweißfreie Margarine zum Braten oder auch Gänseschmalz. Fertiggerichte wie Suppen oder Soßen sollten gemieden werden, da sie häufig Milcheiweiß enthalten. In den folgenden Rezepten werden Sie feststellen, daß es nicht schwer und kaum zeitaufwendiger ist, wenn alles selber zubereitet wird. Abgesehen davon schmeckt es besser und ist auch gesünder.

# Pfannkuchen

*6 Eier*
*125 ml Sojamilch*
*125 ml Mineralwasser*
*250 g Weizenvollkorn- oder Dinkelmehl*
*1 Prise Salz*
*1 gestrichener TL Weinsteinbackpulver*
*Öl oder milcheiweißfreie Margarine zum Braten*

Alle Zutaten mit dem elektrischen Rührgerät gut verrühren. Das Öl oder die Margarine in der Pfanne erhitzen und dünne Pfannkuchen von beiden Seiten goldbraun ausbacken. Die Menge reicht für ca. 8 Pfannkuchen.

*Charakteristik:*

Die Pfannkuchen schmecken wie herkömmliche Pfannkuchen und können nach Belieben mit Honig, Zimt, Apfelmus oder anderen Obstfüllungen gegessen werden.

*Varianten:*

Der Teig kann statt mit Sojamilch und Mineralwasser auch nur mit Wasser bereitet werden. Die Pfannkuchen werden dann knuspriger und nicht mehr sämig-kross. Wenn Sie die Pfannkuchen noch sämiger bevorzugen, fügen Sie dem Teig noch etwas Sojacreme hinzu.

# Gemüsenudeln

*500 g Weizenvollkorn- oder Dinkelnudeln*
*2 EL milcheiweißfreie Margarine zum Braten*
*2 EL Weizenvollkorn- oder Dinkelmehl*
*300 ml Sojamilch*
*Salz und Muskatnuß gerieben*

Die Nudeln in reichlich Wasser kochen. In ein Sieb abgießen und kurz mit kaltem Wasser spülen. Im Topf nun die Margarine flüssig werden lassen und das Mehl hinzugeben und gleichmäßig verrühren. Unter ständigem Rühren nach und nach mit der Sojamilch ablöschen bis eine nicht zu flüssige Soße entstanden ist. Mit Salz und Muskatnuß abschmecken. Die Nudeln in die Soße geben.

*Charakteristik:*

Gemüsenudeln schmecken gut zu Fleischgerichten als Gemüsebeilage (daher der Name) oder auch als schnelle Mahlzeit am Abend. Reste schmecken gut in der Pfanne aufgebraten.

*Varianten:*

Statt Nudeln können Sie auch Weizenvollkorn- oder Dinkelspätzle verwenden, die Sie auf Vorrat selber herstellen können (S. 42).

# *Spätzle*

*Für den Teig:*

*300 g Weizenvollkorn- oder Dinkelmehl*
*4 Eier*
*1 TL Salz*
*125 ml Mineralwasser*

*Zum Kochen:*

*2,5 l Wasser*
*2 EL Salz*
*1 TL Öl*

Mehl, Eier, Salz und Mineralwasser mit dem Knethaken eines Rührgerätes zu einem dickflüssigen Teig verarbeiten und so lange schlagen, bis er Blasen wirft. Den Teig 1 bis 2 Stunden ruhen lassen.
Wasser, Salz und Öl in einem großen Kochtopf aufkochen. Am bestem mit einem Spätzlebereiter den Teig in das kochende Wasser drücken. Wenn Sie keinen Spätzlebereiter haben, kann der Teig auch von einem feuchten Brett mit einem Messer in feinen Streifen in das kochende Wasser abgeschabt werden. Aufkochen, bis die Spätzle hochsteigen. Mit einem Schaumlöffel herausnehmen und in einem Sieb kurz unter kaltem Wasser abspülen.
Wiederholen, bis der Teig verarbeitet ist.

*Charakteristik:*

Schwäbische Nudeln.

*Varianten:*

Die Eier können nicht ersetzt werden. Die fertigen Spätzle können, wenn sie nicht gleich gegessen werden, eingefroren werden. In der Pfanne aufgebacken, besonders mit Zugabe von Gemüse, schmecken sie auch gut.

# Lasagne

*300 g Lasagnenudeln ohne Vorkochen*
*300 g Rindergehacktes*
*150 g Champignons*
*1 Zwiebel*
*1 Knoblauchzehe*
*400 g geschälte Tomaten*
*Salz, Pfeffer und Oregano*

*Für die Bechamelsoße:*

*2 EL milcheiweißfreie Margarine zum Braten*
*2 EL Mehl*
*350 ml Sojamilch*
*Salz und Pfeffer zum Abschmecken*
*200 g Tofu oder Gouda vom Schaf/Ziege*

Das Gehackte in wenig Fett anbraten. Dann die kleingeschnittene Zwiebel und Knoblauchzehe, die Champignons und die geschälten Tomaten (am besten mit dem Mixer zermust) dazugeben. 30 Minuten bei schwacher Hitze kochen lassen. Mit Salz, Pfeffer und Oregano abschmecken.
Währenddessen für die Bechamelsauce das Fett flüssig werden lassen und das Mehl hinzugeben und gut vermischen. Unter ständigem Rühren nach und nach die Sojamilch zugeben. Mit Salz und Pfeffer abschmecken.
Den Boden einer Auflaufform mit Bechamelsoße bedecken. Abwechselnd mit Lasagneplatten, Gehacktessauce und Bechamelsauce auffüllen. Die letzte Schicht Lasagnenudeln sollte gut mit Gehacktessauce abgedeckt sein, damit die Nudeln nicht austrocknen. Zum Schluß mit geriebenem Käse oder Tofu bestreuen.
In der offenen Auflaufform 40 Minuten bei 180 °C im Backofen garen.

*Charakteristik:*

Schmeckt wie herkömmliche Lasagne.

# Grünkernbratlinge

*1 Zwiebel*
*1 EL Öl*
*500 ml Gemüsebrühe oder Wasser*
*150 g Grünkernschrot*
*2 EL Haferflocken*
*1 Ei*
*2 EL geriebener Tofu oder Gouda vom Schaf/Ziege*
*Salz, Pfeffer und Kräuter*

Die Zwiebel kleinschneiden und im Öl dünsten. Mit der Gemüsebrühe oder dem Wasser auffüllen und den geschroteten Grünkern hineingeben. Durchrühren und 5 Minuten auf kleinster Flamme kochen, dann quellen lassen. Wenn die Masse etwas abgekühlt ist, das Ei und den Tofu oder Gouda hinzufügen und mit Kräutern, Salz und Pfeffer würzig abschmecken. Kleine Bällchen formen und in der Pfanne von beiden Seiten braun braten.

*Charakteristik:*

Würzige und gut sättigende Mahlzeit, die hervorragend mit einer Soja-(Quark-)sauce wie Tsatsiki schmeckt.

*Varianten:*

Das Ei kann einfach weggelassen werden.
Anstelle von Grünkern können die Bratlinge auch aus jeder anderen Getreideart oder einer Getreidemischung hergestellt werden.

# Gehackteklößchen (Frikadellen)

*750 g Rindergehacktes*
*1 Zwiebel*
*1 Knoblauchzehe*
*1 Ei (kann auch weggelassen werden)*
*Pfeffer*
*Salz*
*Paprika edelsüß*
*3 EL Maisgrieß*

Das Gehackte mit der kleingeschnittenen Zwiebel und Knoblauchzehe sowie den restlichen Zutaten gut vermengen. Klöße formen und in der Pfanne gut durchbraten.

*Charakteristik:*

Würzige Frikadellen, die auch kalt gut schmecken — pur, als Brotauflage oder auf Reisen.

# Gefüllte Paprika

*7 Paprikaschoten*
*2 Eier*
*125 g Hirse oder Reis*
*125 g Tofu*
*Salz, Pfeffer und Kräuter*

Hirse oder Reis in reichlich Wasser garen. Währenddessen die Paprika oben kreisrund aufschneiden, sorgfältig das Gehäuse entfernen und waschen. Den abgetropften Reis oder die Hirse mit den Eiern, dem kleingeschnittenen Tofu und den Gewürzen vermischen. Die Paprikaschoten mit der Masse füllen und in einen mit ca. 2 cm Wasser gefüllten Topf oder eine Auflaufform geben.
40 Minuten bei 180 °C im Backofen garen.

*Charakteristik:*

Leichte Mahlzeit.

*Varianten:*

Die 2 Eier können ersetzt werden durch: 2 TL Sojamehl mit 1 EL Wasser gut verrühren. Eine Stunde stehen lassen und anstelle der Eier mit der Füllung vermengen.

# Mehlpütt

*400 g Weizenvollkorn- oder Dinkelmehl*
*30 g Hefe*
*125 ml Sojamilch*
*1 Ei*
*50 g Honig*
*1 Prise Salz*
*50 g milcheiweißfreie Margarine*

Aus den Zutaten einen Hefeteig bereiten (s. Seite 57/58) und ca. 30 Minuten gehen lassen. Nochmals durchkneten und in eine gut gefettete und mit Zwieback oder Semmeln (milcheiweißfrei!) ausgebröselte Napfkuchenform geben. Die Napfkuchenform in einen passenden großen Kochtopf geben und diesen etwa drei Fingerbreit mit Wasser füllen.
Den Topf mit einem dichten Deckel schließen. Am besten eignet sich ein Bratpfannendeckel aus Glas, da so kein Wasser auf den Teig tropft und der Mehlpütt beobachtet werden kann. Den Mehlpütt 40 Minuten bei schwach kochendem Wasser garen. Wichtig ist, daß der Deckel während dieser Zeit nicht gehoben wird, da sonst der Teig in sich zusammensackt. Sollten Sie keinen passenden Bratpfannendeckel haben, können Sie auch ein Handtuch um den Deckel binden, der das kondensierende Wasser aufsaugt.
Den frischen Mehlpütt auf eine Platte stürzen und heiß als Kuchenstückchen servieren.

*Charakteristik:*

Eine leichte Mahlzeit, die sättigend und erfrischend ist. Am besten schmeckt der Mehlpütt mit Zimt und Zucker, heißer Vanillesoße und Birnenkompott. Eine kräftige Brühe oder Nudelsuppe eignet sich gut als Vorspeise für Personen, die auf eine deftige Mahlzeit Wert legen.

*Varianten:*

Das Ei kann durch 50 ml SojaCremig ersetzt werden.

# Senfeier

*6-10 Eier*
*2 EL milcheiweißfreie Margarine zum Braten*
*2 EL Weizenvollkornmehl*
*250 ml Sojamilch*
*250 ml Gemüsebrühe*
*geriebene Muskatnuß*
*Pfeffer*
*Salz*
*1 EL Senf*
*frische Kräuter*

Die Eier hart abkochen. Die Margarine in einem Topf erhitzen und das Mehl kräftig unterrühren. Nach und nach mit der Sojamilch und der Gemüsebrühe unter ständigem Rühren ablöschen und aufkochen lassen. Mit Muskatnuß, Pfeffer, Senf und Salz würzen. Die geschälten Eier hineingeben und nach Belieben mit Kräutern abschmecken.

*Charakteristik:*

Schmeckt am besten mit neuen Pellkartoffeln.

# Bunter Gemüsetopf

*2 Tassen ungeschälten Reis oder Hirse*
*400 g Rindergehacktes*
*4 Stangen Lauch*
*4-5 mittelgroße Karotten*
*1 Zwiebel*
*Pfeffer*
*Kräutersalz*
*1 EL Öl*
*frische Kräuter*

Den Reis oder die Hirse in reichlich Wasser oder Gemüsebrühe (ca. 1 l) weich kochen (ca. 30 Minuten).
Das Öl in einem großen Topf erhitzen und das Gehackte gut anbraten. Die Zwiebel schälen und würfeln, den Lauch in Ringe schneiden und gründlich waschen, die Karotten schälen und in Scheiben schneiden. Alles zum Gehackten geben und 10 Minuten mit anbraten. Aufpassen, daß nichts anbrennt! Mit etwas Wasser ablöschen und weitere 20 Minuten bei geringer Wärme garkochen. Zum Schluß den Reis oder die Hirse dazugeben und alles verrühren. Mit frischen Kräutern anrichten.

*Charakteristik:*

Eine einfache und bekömmliche Mittagsmahlzeit.

*Varianten:*

Statt Lauch und Karotten können auch andere Gemüsesorten verwendet werden. Wer gerne auf Fleisch verzichten möchte, kann das Rinderhack durch 400 g Tofu ersetzen. Den Tofu fein würfeln und mit den Zwiebeln und dem Gemüse kurz anbraten.

# Pizza

*Für den Teig:*

*350 g Weizenvollkorn- oder Dinkelmehl*
*20 g Hefe*
*125 ml Wasser*
*4 EL Öl*
*1 TL Salz*

*Für den Belag:*

*5 Scheiben gekochten Rinder- oder Putenschinken*
*2-3 Zwiebeln*
*1 Knoblauchzehe*
*2 EL Tomatenmark*
*1 EL Öl*
*300 g frische Champignons*
*400 g Tofu oder Gouda vom Schaf/Ziege gerieben*
*Salz*
*Pfeffer*
*Oregano*

Aus den angegebenen Zutaten einen Hefeteig bereiten (s. Seite 57/58) und 30 Minuten gehen lassen.
Die Zutaten für den Belag vorbereiten: den Schinken würfeln oder in Streifen schneiden, die Zwiebeln in Ringe schneiden, die Knoblauchzehe fein schneiden oder hacken und den Tofu oder Gouda reiben.
Ein Backblech gut fetten und den Teig darauf verteilen. Mit Öl und Tomatenmark bestreichen. Die Zwiebeln, den Knoblauch und die Pilze darauf verteilen und kräftig würzen. Den Schinken darauf verteilen und den Tofu oder Gouda darüberstreuen.
Bei 220 °C 30 Minuten backen.

*Charakteristik:*

Eine ganz normale Pizza.

*Varianten:*

Anstelle von Hefeteig kann ein Quark-Öl-Teig (s. Seite 85) verwendet werden, der schneller zubereitet ist und knuspriger wird.

# Hühnerfrikassee

*1 Suppenhuhn*
*1 Bund Suppengrün*
*Salz*
*Pfeffer*
*2 EL milcheiweißfreie Margarine zum Braten*
*1 EL Mehl*
*2 TL Senf*
*nach Belieben Pilze*

Das Suppenhuhn in Wasser mit Salz, Pfeffer und Suppengrün weichkochen. Gut abtropfen lassen, das Hühnerfleisch ablösen und klein schneiden.
In einem nicht zu kleinen Topf die Margarine schmelzen.
Unter ständigem Rühren das Mehl hinzugeben und schöpfkellenweise mit der Hühnerbrühe ablöschen. Mit Senf abschmecken und das kleingeschnittene Hühnerfleisch dazugeben. Nach Belieben noch Pilze hinzufügen.

*Charakteristik:*

Leichte Mittagsmahlzeit, die am besten mit Reis und einem Salat serviert wird.

*Varianten:*

Bei einer Weizenallergie sollten Sie bei der Verwendung von Senf beachten, daß dieser häufig (Weizen-)Stärke enthält. Statt dessen kann 1 Teelöffel gemahlene Senfkörner verwendet werden.

# Gulasch

*500 g Rindergulasch*
*Wasser oder Wein zum Ablöschen*
*1 Paprika*
*2 Zwiebeln*
*1 Knoblauchzehe*
*Salz, Pfeffer und Paprikagewürz*
*300 ml Wasser oder Gemüsebrühe*
*Sojacreme oder Sojajoghurt pur zum Abschmecken*
*Öl zum Anbraten*

Das Öl erhitzen und das Gulasch anbraten. Paprika, Zwiebeln und Knoblauch kleingeschnitten hinzugeben und 10 Minuten unter Rühren mit anbraten. Wasser oder Gemüsebrühe hinzugeben, würzen und 1 Stunde schmoren lassen. Zum Schluß, wenn es nicht mehr kocht, mit Sojacreme oder Sojajoghurt verfeinern.

*Varianten:*

Anstatt mit Sojacreme oder Sojajoghurt zu verfeinern, können Sie auch etwas Mehl in Sojamilch anrühren, das Gulasch damit andicken und nochmals kurz aufkochen.

# Buchweizenpfannkuchen mit Gehacktes-Cremesoße

*200 g Buchweizenmehl*
*100 g Weizenvollkorn- oder Dinkelmehl*
*10 g frische Hefe oder 1 TL Backpulver*
*400 ml kaltes Mineralwasser*
*1 Prise Salz*

*300 g Rindergehacktes*
*1 Zwiebel*
*1 Knoblauchzehe*
*Salz, Pfeffer und frische Kräuter*
*100 ml SojaCremig*

Das Mehl mit der Hefe, dem Mineralwasser und dem Salz gut verrühren und eine Stunde stehenlassen.
Das Gehackte in Öl anbraten und die kleingeschnittenen Zwiebeln und Knoblauch dazugeben. Mit Salz und Pfeffer abschmecken und zum Schluß die Sojacreme unterrühren.
Die Pfannkuchen ausbacken.
2 EL Gehacktes-Cremesoße über einen ausgebackenen Pfannkuchen geben und mit frischen Kräutern bestreuen und servieren.

*Charakteristik:*

Buchweizenpfannkuchen, auch Blinis genannt, werden in Rußland gerne und viel gegessen. Eine leckere und schnelle Alternative zu herkömmlichen Eierkuchen, die es lohnt zu probieren.

# Blumenkohl- oder Spargelcremesuppe

*250 g Spargel oder Blumenkohl*
*750 ml Wasser*
*etwas Salz*
*30 g milcheiweißfreie Margarine zum Braten*
*40 g Weizenvollkorn- oder Dinkelmehl*
*250 ml Sojamilch*
*1 Eigelb*
*geriebene Muskatnuß, Zitronensaft und Salz*

Den Spargel waschen, schälen und in 3 cm lange Stücke schneiden bzw. den Blumenkohl putzen, in Röschen teilen und waschen. Das Wasser mit Salz zum Kochen bringen, den Spargel oder Blumenkohl hineingeben und garen. Die Brühe abgießen und auffangen!
Die Margarine erhitzen und unter ständigem Rühren das Mehl dazugeben und mit der aufgefangenen Brühe ablöschen. Das Eigelb mit der Sojamilch gut verquirlen und in die nicht mehr kochende Suppe einrühren. Mit Muskat, Salz und Zitronensaft abschmecken. Spargel oder Blumenkohl dazugeben und erwärmen.

*Charakteristik:*

Schmeckt wie herkömmliche Blumenkohl- oder Spargelcremesuppe.

# Quiche

*100 g milcheiweißfreie Margarine*
*150 g Weizenvollkorn- oder Dinkelmehl*
*100 g Hafermehl oder auch Weizenvollkorn- oder Dinkelmehl*
*6 EL Wasser*
*je ½ TL Koriander, Kümmel und Salz*

*Für den Belag:*

*500 g Gemüse nach Belieben (es eignen sich vor allem Karotten, Lauch, Blumenkohl und Kohlrabi)*
*200 g Tofu*
*2 Eier*
*125 ml SojaCremig*
*Salz, Pfeffer und Kräuter*

Das Mehl in eine Schüssel geben und die kalte Margarine in kleinen Stücken darübergeben. Zusammen mit dem Wasser und den Gewürzen zügig zu einem Teig vermengen. Den Teig zu einem Ballen formen und 30 Minuten kühl stellen.
Das Gemüse waschen, garen und abtropfen lassen. Die Eier mit der Sojacreme, dem Salz und dem Pfeffer verrühren. Den Tofu in kleine Würfel schneiden.
Eine Springform fetten, den Teig mit einem 2 cm hohen Rand darin verteilen und mit einer Gabel mehrmals einstechen. Bei 200 °C 15 Minuten vorbacken. Das Gemüse, den Tofu, die Kräuter und die Eimischung hineinfüllen und weitere 30 Minuten bei 200 °C im Backofen fertigbacken.

*Charakteristik:*

Ein Quiche ist eigentlich nichts anderes als ein umgedrehter Pie — ein gefüllter salziger Mürbeteig. Als Füllung eignet sich fast alles, was Ihnen beliebt. Großer Vorteil einer Quiche ist, daß sie gut vorbereitet werden kann, um zu einem beliebigen späteren Zeitpunkt im Backofen gegart zu werden.

## Kuchen und Naschereien

Die meisten Backwaren und Süßigkeiten enthalten Milcheiweiß. Daher fällt dieses Kapitel besonders reichhaltig aus, denn Selbstbacken stellt die einzige Alternative zum Verzicht auf Kuchen dar.

Wenn Sie sich im Geschäft nach milcheiweißfreien Gebäcken erkundigen, vergessen Sie bitte nicht, daß jede Margarine Milcheiweiß enthält, sofern nicht ausdrücklich „frei von Milcheiweiß" auf der Verpackung vermerkt ist.

Auf Schokolade, die beim Backen häufig und gerne verwendet wird, muß bei einer Kuhmilchallergie nicht verzichtet werden. Zartbitterschokolade, dunkler Schokoladenguß, Blockschokolade und reiner Kakao sind milcheiweißfrei. Telefonisch zugesichert wurde mir diese Information von der Firma Ritter Sport für die Sorten Marzipan, Pfefferminz und Zartbitter sowie von der Firma Wissoll für die Sorten Blockschokolade und Zartbitter. Die Firmen wiesen jedoch ausdrücklich darauf hin, daß die ersten Tafeln nach dem Wechsel der Produktion noch Reste der vorherigen Schokolade enthalten können, obwohl die Produktionsbänder nach jeder Serie gereinigt werden. Ob Sie dieses Restrisiko eingehen wollen, liegt bei Ihnen. Ich persönlich habe jedoch keine negativen Erfahrungen gemacht und verwende diese Produkte auch beim Backen. Als interessante Alternative bieten sich Carobtafeln oder Carobpulver an.

Für die Rezepte verwende ich aus gesundheitlichen Gründen prinzipiell Honig. Dieser kann bei einer Allergie aber jederzeit durch Fruchtdicksäfte oder Ahornsirup ersetzt werden.

Die meisten Rezepte enthalten auch Eier, da sie eine bindende Eigenschaft besitzen und der Teig ohne Eier leicht bröselig und trocken wird. SojaCremig hat aber eine sehr ähnliche bindende Eigenschaft und kann fast immer als Eiersatz benutzt werden. Als Eialternative ist, wenn dies möglich ist, die entsprechende Menge SojaCremig in den Rezepten genannt. Auch Vitamin C, medizinisch Ascorbinsäure genannt, hat bindende Eigenschaften. Sie ist in Apotheken erhältlich und kann unbedenklich jedem Gebäck, vor allem leicht bröseligen Broten, mit ca. einem viertel bis halben Teelöffel zugegeben werden. Bei einer Weizenallergie ist darauf zu achten, daß kein weizenstärkehaltiges Backpulver verwendet wird. Weinsteinbackpulver (weizenfrei) ist in Reformhäusern erhältlich.

Die Temperaturangaben gelten für konventionellen Ober- und Unterhitzebetrieb. Bei Umluftbetrieb sollte die Temperatur um 20 °C niedriger gewählt werden. Es ist prinzipiell egal, welche Heizart gewählt wird, sofern in den Rezepten nicht auf eine bestimmte Heizart hingewiesen wird. Ebenso gelten die Zeitangaben für einen kalten Backofen, außer es wird speziell auf einen vorgeheizten Backofen hingewiesen.

## *Hefeteig*

Ich möchte dieses Kapitel mit dem Hefeteig beginnen, da er sehr einfach ist, lecker schmeckt und sich relativ lange hält.
Prinzipiell brauchen Sie weder einen Vorteig zubereiten noch die Hefe vorher aufzulösen. Sie müssen lediglich darauf achten, daß die Hefe und das Salz vor dem Kneten nicht in Berührung kommen. Von daher füge ich das Salz immer erst kurz vor dem Kneten zu. Damit der Teig gut geht, reicht ein normal warmer Platz aus. Der Teig muß jedoch dunkel, also zugedeckt, und in Ruhe ohne Zugluft stehen. Sollte es einmal im Raum kälter sein, lassen Sie den Teig einfach länger stehen oder umgekehrt, an einem warmen Ort geht der Teig schneller auf. Erweist sich der Teig nach dem Backen als zu feinporig, ist der Teig zu lange gegangen, bei einem noch festen, feuchten Teig war die Ruhezeit zu kurz. Wichtig ist, daß die Temperatur nicht höher als 40 °C ist, während der Teig ruht, da die Hefe sonst abstirbt und als Ergebnis ein harter, nicht aufgegangener Teig entsteht.
Anstelle von Sojamilch können Sie jederzeit kaltes, kohlensäurehaltiges Mineralwasser verwenden. Bitte versuchen Sie es nicht mit lauwarmem Wasser, der Teig wird für Kuchen nicht schön. Mit kaltem, kohlensäurehaltigem Mineralwasser wird der Teig lediglich nicht ganz so sämig oder geschmeidig wie mit Sojamilch. Entsprechend diesen Eigenschaften benutze ich also gezielt Mineralwasser oder Sojamilch.
Eier können beim Hefeteig einfach weggelassen werden. Lediglich die Farbe ist dann nicht ganz so freundlich. Als Bindemittel werden Eier nicht unbedingt benötigt. Der Teig wird mit Eiern aber etwas feiner.

# Hefezopf

(Hefeteig-Grundrezept, süß)

*500 g Weizenvollkorn- oder Dinkelmehl*
*80 g milcheiweißfreie Margarine*
*60 g Honig*
*250 ml Sojamilch*
*1 Ei oder 50 ml SojaCremig*
*20 g Frischhefe (halbes Päckchen)*
*etwas Salz*
*1 Ei oder Wasser zum Bestreichen*

Das Mehl in eine Schüssel geben. Den Honig, die Sojamilch, das Ei oder die Sojacreme und die kleingebröselte Hefe auf der einen Seite der Schüssel zufügen und die Margarine und das Salz auf der anderen Seite. Alles so lange mit dem Knethaken durchkneten, bis sich der Teig vom Schüsselrand löst und nicht mehr an den Händen klebt. Ist der Teig zu klebrig und läßt sich nicht formen, fügen Sie einfach noch etwas Mehl hinzu, bis er die gewünschte Konsistenz erhält. Ist der Teig zu fest, fügen Sie noch etwas Sojamilch hinzu und kneten so lange, bis der Teig geschmeidig ist. Den Teig zugedeckt an einem warmen Ort ungefähr 1 Stunde gehen lassen. Nun teilen Sie den Teig in drei gleichgroße Teile. Aus jedem Teil wird eine Rolle geformt und aus diesen ein Zopf geflochten. Den Hefezopf auf dem Backblech nochmals zugedeckt eine halbe Stunde gehen lassen. Mit einem verquirlten Ei oder Wasser bestreichen und im vorgeheizten Backofen 35 Minuten bei 200 °C backen.

*Charakteristik:*

Ein süßes, lockeres Gebäck, das sich besonders als Brot, vor allem auch für Kleinkinder, zum Frühstück und Sonntagskaffee eignet. Echte Schwaben und auch Kinder tunken ihn mit Vorliebe ein.

# Marzipankranz

*500 g Weizenvollkorn- oder Dinkelmehl*
*40 g Frischhefe (1 Päckchen)*
*240 ml Sojamilch*
*1 Ei oder 50 ml SojaCremig*
*50 g Honig*
*1 Prise Salz*
*1 EL Öl oder milcheiweißfreie Margarine*
*1 Eigelb oder Wasser zum Bestreichen*

*Marzipanfüllung:*

*200 g Marzipanrohmasse (kann selbst mit Honig hergestellt werden (s. Seite 101) oder ist im Reformhaus ohne Zucker erhältlich)*
*2 Eiweiß oder 20 ml SojaCremig*
*150 g geriebene Mandeln*
*1 Schnapsglas Rum*

Aus den Zutaten einen Hefeteig (S. 57/58) bereiten und gehen lassen. Nochmals gut durchkneten und in zwei Hälften teilen und nochmals gehen lassen. Jede Hälfte zu einem Rechteck (ca. 20 x 40 cm) ausrollen. Die Marzipanmasse mit der Sojacreme oder den 2 Eiweiß, den Mandeln und dem Rum gut vermengen und, bis auf einen kleinen Rand, gleichmäßig auf dem Rechteck verteilen. Von den Längsseiten her aufrollen und gut zudrücken. Die beiden Rollen umeinanderschlingen und zu einem Kranz formen. Mit Eigelb oder Wasser bestreichen.
Im vorgeheizten Backofen bei 200 °C 35 Minuten backen.

*Charakteristik:*

Eine süße Abwandlung des Hefezopfs. Schmeckt sehr gut lediglich mit milcheiweißfreier Margarine bestrichen oder ganz ohne.

Varianten:

# Mohnkranz oder Nußkranz

Teig: siehe Marzipankranz (S. 59)

*Mohnfüllung:*

*250 ml Sojamilch*
*375 g gemahlener blauer Mohn*
*100 g geriebene Mandeln*
*80 g Honig*
*Mark einer halben Vanilleschote*
*2 Eier (die Eier können auch weggelassen werden)*
*50 g Rosinen*
*3-4 EL Rum nach Belieben*

Die Sojamilch aufkochen und Mohn, Mandeln, Honig und Vanillemark dazugeben. Die Masse abkühlen lassen und Eier, Rosinen und Rum hinzufügen. Mit Eigelb oder Wasser bestreichen.

*Nußfüllung:*

*3 Eiweiß*
*100 g Honig*
*Mark einer halben Vanilleschote*
*etwas Zitronensaft (kann auch weggelassen werden)*
*150 g geriebene Mandeln oder Haselnüsse*

Die Eiweiße steifschlagen und den Honig und das Vanillemark langsam einlaufen lassen. Zitronensaft und Nüsse oder Mandeln unterheben und auf dem Teig verteilen und zu einem Kranz formen. Mit Eigelb oder Wasser bestreichen.

Als Füllung verwenden wie beim Marzipankranz.

# Kümmelstangen

*500 g Weizenvollkorn- oder Dinkelmehl*
*20 g Frischhefe (halbes Päckchen)*
*1 TL Salz*
*1 TL Honig*
*200 ml lauwarme Sojamilch*
*125 g milcheiweißfreie Margarine*
*1 verquirltes Ei oder Wasser zum Bestreichen*
*Kümmel zum Bestreuen*

Aus den Zutaten einen Hefeteig bereiten und zugedeckt gut aufgehen lassen. Nochmals gut durchkneten und 6 bis 8 etwa fingerdicke Rollen formen. Auf ein gefettetes Backblech legen und zugedeckt gehen lassen, bis die Stangen merklich aufgegangen sind. Die Oberfläche mit dem verquirlten Ei oder Wasser bestreichen und mit Kümmel bestreuen.
Im vorgeheizten Backofen bei 200 °C 20 Minuten backen.

*Charakteristik:*

Deftiges Knuspergebäck für den Abend, auf Feten oder auch als Proviant für unterwegs.

# Schnecken

*500 g Weizenvollkorn- oder Dinkelmehl*
*40 g Frischhefe (1 Päckchen)*
*250 ml Sojamilch*
*80 g Honig*
*1 Prise Salz*
*abgeriebene Zitronenschale (kann auch weggelassen werden)*
*2 Eier oder 60 ml SojaCremig*
*100 g milcheiweißfreie Margarine*

*125 g Rosinen*
*125 g Korinthen*
*80 g Honig*
*50 g gehackte Mandeln*
*5 EL Sojamilch*

Aus den Zutaten einen Hefeteig (S. 57/58) bereiten und gehen lassen. Den Teig relativ dünn zu einem Rechteck ausrollen. Die Rosinen, Korinthen, Honig, Mandeln und Sojamilch gut vermengen und auf dem Teig verteilen. Von der Längsseite her aufrollen und in etwa 3 cm dicke Scheiben schneiden. Die Scheiben = Schnecken auf einem Backblech verteilen und nach Belieben mit Eigelb, Wasser oder Zuckerguß bestreichen.
Bei 190 °C 40 Minuten backen.

*Charakteristik:*

Leckere Teilchen zum Kaffee. Gut für unterwegs geeignet.

*Varianten:*

Die Schnecken können auch mit anderen Füllungen (z. B. Füllung vom Marzipan-, Mohn- oder Nußkranz; s. S. 59/60) zubereitet werden.

# Pflaumenkuchen mit Streusel

*Für den Teig:*

*500 g Weizenvollkorn- oder Dinkelmehl*
*20 g Frischhefe (halbes Päckchen)*
*250 ml kaltes Mineralwasser*
*75 g Honig*
*100 g milcheiweißfreie Margarine*
*etwas Salz*

*Für den Belag:*

*ca. 1,5 kg Pflaumen*

*Für die Streusel:*

*175 g geriebene Mandeln*
*75 g Weizenvollkorn- oder Dinkelmehl*
*125 g Honig*
*ein gestrichener TL Zimt*
*Mark einer viertel bis halben Vanilleschote*
*75 g milcheiweißfreie Margarine*

Aus den Teigzutaten einen Hefeteig (S. 57/58) bereiten und gehen lassen. Währenddessen die Pflaumen waschen, entsteinen und in Hälften schneiden. Ein Backblech fetten, den Teig darauf verteilen und mit den Pflaumenhälften dicht belegen.
Alle Zutaten für die Streusel in eine Schüssel geben und so lange mit den Händen kneten, bis der Teig bröselig ist. Als Streusel auf dem Kuchen verteilen.
Im vorgeheizten Backofen 35 Minuten bei 190 °C backen.

*Charakteristik:*

Ein feiner, erfrischender Obstkuchen, der besonders gut ganz frisch mit Schlagsahne bzw. Sojasaucen (S. 105) schmeckt.

*Varianten:*

Die Mandeln können durch die gleiche Menge Weizenvollkorn- oder Dinkelmehl ersetzt werden.

# Mandelkuchen

*375 g Weizenvollkorn- oder Dinkelmehl*
*30 g Frischhefe*
*125 ml Sojamilch*
*1 Ei oder 30 ml SojaCremig*
*50 g Honig*
*etwas Salz*
*Mark einer halben Vanilleschote*
*50 g milcheiweißfreie Margarine zum Braten*

*100 g gehackte Mandeln*
*100 g Mandelblättchen*
*80 g Honig*
*100 g milcheiweißfreie Margarine*

Aus den Zutaten einen Hefeteig (S. 57/58) bereiten und gehen lassen. Den Teig gleichmäßig auf einem Backblech verteilen. Die Margarine mit dem Honig in einer Pfanne erhitzen und die Mandeln kurz darin rösten. Die Masse gleichmäßig auf dem Teig verteilen.
Bei 210 °C 25 Minuten backen.

*Charakteristik:*

Ein leichter Hefeblechkuchen, der am besten warm gegessen werden sollte.

*Varianten:*

Wenn Sie anstelle von Honig Zucker verwenden, können die Mandeln mit dem Zucker direkt auf den Teig gegeben werden, und die Margarine wird in Flöckchen auf dem Kuchen verteilt.

## *Mürbeteig*

Wie der Hefeteig läßt sich auch der Mürbeteig sehr gut ohne Milcheiweiß und auch ohne Ei herstellen. Eigelb macht den Teig mürber, und Eiweiß läßt ihn knusprig werden. Diese beiden Eigenschaften werden aber auch gut durch Sojacreme ersetzt. Als Eialternative ist in den Rezepten, wenn möglich, die entsprechende Menge Sojacreme genannt.
Die Margarine sollte kühl sein für die Verarbeitung, da der Teig sonst nicht recht mürbe wird.
Am besten wird der Teig, wenn man ihn mit der Hand knetet.

# Quarkkuchen

*Für den Boden:*

*180 g Weizenvollkorn- oder Dinkelmehl*
*1 gestrichener TL Weinsteinbackpulver*
*60 g Honig*
*80 g milcheiweißfreie Margarine*
*1 Ei*
*Mark einer viertel Vanilleschote*
*etwas abgeriebene Zitronenschale*
*1 Prise Salz*

*Für die Quarkmasse:*

*500 ml Sojamilch*
*2 Päckchen Vanillepuddingpulver*
*200 g Honig*
*750 g SojaCremig*
*10 Meßlöffel Biobin (Dickungsmittel, im Reformhaus erhältlich)*
*3 Eier*
*etwas abgeriebene Zitronenschale*

Das Mehl in eine Schüssel geben und in der Mitte eine Vertiefung machen. Honig, Vanillemark, Zitronenschale, Salz und Ei in die Vertiefung geben und mit etwas Mehl zu einer Masse verrühren. Die kalte Margarine in kleinen Stükken auf die Masse geben, mit Mehl bedecken und recht schnell zu einem Teig verarbeiten. Während Sie die Quarkmasse zubereiten, den Teig im Kühlschrank ruhen lassen.
Aus den 2 Päckchen Vanillepuddingpulver mit 200 g Honig und 500 ml Sojamilch nach Vorschrift einen Pudding kochen. Von der Herdplatte nehmen und die Sojacreme sowie 10 Meßlöffel Biobin unterrühren. Unter ständigem Rühren nochmals aufkochen. Während die Masse unter Rühren abkühlt, den Mürbeteig in eine Springform geben, am Rand etwas nach oben drücken und mit einer Gabel einstechen, damit er keine Blasen wirft.
Bei 180 °C 30 Minuten backen.
Die drei Eier trennen und zu Eischnee schlagen. Den Eischnee zusammen mit der abgeriebenen Zitronenschale unter die abgekühlte Quarkmasse heben und auf den vorgebackenen Teig geben. Mit verquirltem Eigelb bestreichen. 55 Minuten mit Ober- und Unterhitze bei 150 °C mehr trocknen als backen.

*Charakteristik:*

Ein Kuchen, der recht quarkähnlich schmeckt und am besten gut gekühlt serviert wird.

*Varianten:*

Die Eier können im Teig wie in der Quarkmasse einfach weggelassen werden. Der Kuchen wird dann allerdings nicht so locker und trocknet an der Oberfläche leicht aus. Ebenso kann die abgeriebene Zitronenschale einfach weggelassen werden. Bei einer Weizenallergie auf weizen-(stärke-)freies Puddingpulver achten.

## Tortenboden

*250 g Weizenvollkorn- oder Dinkelmehl*
*ein gestrichener TL Weinsteinbackpulver*
*50 g Honig*
*eine Prise Salz*
*1 Ei*
*125 g milcheiweißfreie Margarine*
*2 milcheiweißfreie Zwiebäcke oder Kleie (der im Sieb zurückbehaltene Rest vom durchgesiebten Vollkornmehl)*

Das Vollkornmehl durch ein feines Sieb sieben. Aus allen Zutaten zügig einen Teig kneten und zu einer Kugel formen. Eine halbe Stunde kühl stellen. Eine Springform fetten und mit Zwiebackbröseln (zwei Zwiebäcke aneinander reiben) oder der Kleie ausstreuen. Etwas Teig für den Rand zurücklegen und mit dem übrigen Teig die Springform auslegen. Aus dem zurückgelegten Teig eine lange, dünne Rolle formen, an den Rand legen und festdrücken. Mit einer Gabel mehrmals in den Teigboden stechen.
Bei 220 °C 25 Minuten backen.
Nach Belieben mit Obst belegen und mit Tortenguß abdecken.

*Charakteristik:*

Herkömmlicher Mürbeteig-Tortenboden.

*Varianten:*

Das Ei kann durch 30 ml SojaCremig ersetzt werden.

# Johannisbeertorte

*Teig:*
*100 g Weizenvollkorn- oder Dinkelmehl*
*100 g Weizen- oder Dinkelschrot*
*1 TL Backpulver*
*150 g milcheiweißfreie Margarine*
*50 g Honig*
*2 Eigelb*

*Creme:*
*500 ml Sojamilch*
*1 Päckchen Vanillepuddingpulver*
*1 Eigelb*
*50 g Honig*

*Belag:*
*250-300 g Johannisbeeren (frisch oder tiefgefroren)*

*Baiser:*
*3 Eiweiß*
*50 g flüssiger Honig*

Aus den Teigzutaten einen Mürbeteig kneten. In einer Springform verteilen und bei 200 °C 25 Minuten backen.
Während dieser Zeit aus den Zutaten für die Creme einen Pudding kochen und abkühlen lassen. Die abgekühlte Creme auf dem Mürbeteig verteilen. Darauf die Johannisbeeren verteilen.
Für das Baiser Eiweiß steifschlagen und den Honig unter ständigem Rühren langsam einlaufen lassen.
Diese Baisermasse auf den Johannisbeeren verstreichen.
Bei 220 °C 10 Minuten leicht braun überbacken.

*Charakteristik:*
Eine erfrischende Obsttorte.

*Varianten:*
Die Eier lassen sich bei dieser Torte kaum ersetzen. Sie können zwar für die Creme einfach weggelassen werden und beim Mürbeteig durch 50 ml Wasser ersetzt werden — auf das Baiser muß dann aber verzichtet werden.

# Zwiebelkuchen

*Für den Teig:*

*400 g Weizenvollkorn- oder Dinkelmehl*
*180 g milcheiweißfreie Margarine*
*125 ml Wasser*
*1 TL Salz*

*Für den Belag:*

*1,5 kg Zwiebeln*
*500 g gewürfelter Schinkenspeck (möglichst vom Rind)*
*3 EL Öl*
*250 ml SojaCremig*
*200 g Gouda vom Schaf oder von der Ziege*
*3 Eier*
*2 EL Speisestärke*
*Oregano, Kräutersalz und Pfeffer*

Aus dem Mehl und der Margarine mit Wasser und Salz einen Mürbeteig kneten. Den Teig kaltstellen, während Sie den Belag vorbereiten. Dazu die Zwiebeln in Ringe schneiden oder auch klein würfeln. Den gewürfelten Schinken im Öl kurz anbraten, die Zwiebeln dazugeben und glasig dünsten. Sojacreme, Eier und Stärke verquirlen und mit Pfeffer, Oregano und Kräutersalz würzen. Den feingeriebenen Käse unterrühren.
Ein Backblech gut einfetten und den Teig darauf verteilen. Im vorgeheizten Backofen bei 200 °C 10 Minuten vorbacken. Die Eimasse mit der Zwiebelmasse verrühren und auf dem Teig verteilen. Weitere 20 Minuten bei 200 °C backen.

*Charakteristik:*

Ein herkömmlicher Zwiebelkuchen, der besonders gut zu Federweißem oder einem trockenen Wein schmeckt.

*Varianten:*

Anstelle von Mürbeteig kann auch ein Hefeteig (s. Seite 57/58) als Unterlage genommen werden. Die Eier können beim Zwiebelkuchen leider nicht ersetzt werden. Wer Schinken nicht so gerne mag, kann ihn auch weglassen. Ebenso kann der Käse weggelassen werden, wodurch aber der typische Geschmack erheblich leidet. Bei einer Weizenallergie als Speisestärke Mais- oder Kartoffelmehl verwenden.

## *Rührteig*

Für den Rührteig eignet sich am besten zimmerwarme, weiche, milcheiweißfreie Margarine. Eier sind für einen lockeren und gebundenen Teig wichtig. Am leichtesten und lockersten wird der Teig, wenn die Eier getrennt werden und das steifgeschlagene Eiweiß zum Schluß untergehoben wird. Sie können die Eier auch gegen Sojacreme austauschen, der Teig wird dann aber nicht ganz so locker und leicht matschig. Durch den Austausch von einem Viertel des Weizenvollkornmehls durch Speisestärke kann dies jedoch weitgehend verhindert werden. Man muß nur aufpassen, daß der Teig dann nicht zu bröselig wird. Beim Rührteig ist Sojamilch dem Wasser vorzuziehen. Sie sollte kühl sein, da sonst das Backpulver seine Wirkung verliert.
Honig kann bei Unverträglichkeit jederzeit durch Zucker ersetzt werden, der möglichst fein oder aufgelöst sein sollte.

# Apfel-Rosinen-Kuchen

*250 g milcheiweißfreie Margarine*
*200 g Honig*
*5 Eier*
*Mark einer viertel Vanilleschote oder ½ TL gemahlene Vanille*
*1 Prise Salz*
*400 g Weizenvollkorn- oder Dinkelmehl*
*1 Päckchen Weinsteinbackpulver*
*125 ml Sojamilch*
*50 g Rosinen*
*2-3 Äpfel*

Margarine, Honig und Eier schaumig rühren. Nach und nach Vanillemark, Salz, das mit Backpulver gemischte Mehl und die Sojamilch dazurühren. Die heiß überbrühten Rosinen und die geschälten und kleingeschnittenen Äpfel vorsichtig unterheben.
85 Minuten mit 180 °C backen.

*Charakteristik:*

Ein saftiger Rührkuchen.

*Varianten:*

Die Eier können durch 100 ml Mineralwasser oder 100 ml SojaCremig ersetzt werden. Der Kuchen wird dann jedoch sehr feucht. Statt Rosinen können auch kleingewürfelte getrocknete Datteln verwendet werden.

# Donauwellen

*300 g milcheiweißfreie Margarine*
*250 g Honig*
*8 Eier*
*Mark einer viertel Vanilleschote oder ½ TL gemahlene Vanille*
*500 g Weizenvollkorn- oder Dinkelmehl*
*1 Päckchen Weinsteinbackpulver*
*1 EL Rum*
*3 EL Kakao*
*1 Prise Salz*

*2 Dosen Schattenmorellen (Zucker!) besser: 1 kg mit Honig selbst eingekochte Sauerkirschen*

*500 g milcheiweißfreie Margarine*
*1 l Sojamilch*
*45 g Speisestärke*
*150 g Honig*
*1 Päckchen Vanillepuddingpulver*

*2 Beutel dunkle Kuchenglasur von Schwartau*

Die Eier trennen. Margarine, Eigelb, Vanillemark und Honig schaumig rühren. Das mit Backpulver gemischte Mehl hinzufügen. Das Eiweiß zu festem Eischnee schlagen und unterziehen.
Die Hälfte des Teiges auf ein Backblech geben. Den restlichen Teig mit 3 Eßlöffeln Kakao vermengen und über den hellen Teig streichen.
Die Kirschen abtropfen lassen und auf dem Teig verteilen.
45 Minuten bei 200 °C backen und kalt werden lassen.
Aus der Sojamilch, dem Honig, der Speisestärke und dem Vanillepuddingpulver einen Pudding kochen und auf Zimmertemperatur abkühlen lassen. Die Margarine schaumig schlagen. Den Pudding eßlöffelweise unter ständigem Rühren der Margarine zugeben. Die Creme auf dem Teig verteilen und mit dem Schokoladenguß überziehen. Vor dem Erkalten des Gusses in Stücke schneiden.

*Charakteristik:*

Schmeckt wie herkömmliche Donauwellen.

*Varianten:*

Anstatt der 8 Eier können 300 ml Mineralwasser oder 300 ml SojaCremig verwendet werden, wobei der Teig dann nicht mehr so locker wird. Der Kakao kann durch Carobpulver ersetzt werden. Bei einer Weizenallergie muß die Speisestärke durch Maiskernpuder ersetzt werden und weizenfreies Vanillepuddingpulver verwendet werden.

## Obst-Creme-Kuchen

*125 g milcheiweißfreie Margarine*
*80 g Honig*
*1 Ei*
*250 g Weizenvollkorn- oder Dinkelmehl*
*1 TL Weinsteinbackpulver*

*Obst nach Belieben*

*3 Blatt Gelatine*
*250 g SojaCremig*

Margarine, Honig und Ei schaumig rühren. Das mit Backpulver vermischte Mehl dazugeben. Den Teig in eine Springform geben und nach Belieben mit Obst belegen.
3 Blatt Gelatine 5 Minuten in kaltem Wasser einweichen und durch leichtes Erwärmen lösen. 250 g Sojacreme hinzufügen und über dem Kuchen verteilen. 40 Minuten bei 180 °C backen.

*Charakteristik:*

Ein feuchter, erfrischender Kuchen.

*Varianten:*

Das Ei kann auch durch 20 ml Mineralwasser oder 20 ml SojaCremig ersetzt werden.

# Geburtstagskuchen

*125 g milcheiweißfreie Margarine*
*125 g Honig*
*4 Eier*
*150 g geriebene Mandeln*
*1 EL Kakao*
*1 TL Malzkaffee*
*2 TL Weinsteinbackpulver*
*125 g Weizenvollkorn- oder Dinkelmehl*

*Zum Garnieren:*

*Puderzucker, Zitronensaft und Rosinen*

Margarine, Honig und Eier schaumig rühren. Die Mandeln, den Kakao, den Malzkaffee und das mit Backpulver vermischte Mehl dazugeben.
In einer Kastenform 60 Minuten bei 180 °C backen.
Den ausgekühlten Kuchen in drei Teile schneiden. Einen Teil nochmals diagonal durchschneiden. Die Teile als Haus mit einem schrägen Dach aufeinanderlegen. Mit Zuckerguß bestreichen und mit Rosinen Fenster und Türen dekorieren.

*Charakteristik:*

Ein leckerer Kuchen, der vor allem auf Kindergeburtstagen gut ankommt.

*Varianten:*

Die Eier können durch 80 ml Mineralwasser oder 80 ml SojaCremig ersetzt werden. Statt Kakao kann Carobpulver verwendet werden. Mit etwas Phantasie können auch andere Formen, wie z. B. ein Auto, eine Eisenbahn oder ein Trecker, gestaltet und verziert werden.

# Apfelkuchen, versenkt

*125 g milcheiweißfreie Margarine*
*1-2 Eier*
*125 g Honig*
*Mark einer halben Vanilleschote oder 1 TL gemahlene Vanille*
*1 Prise Salz*
*400 g Weizenvollkorn- oder Dinkelmehl*
*1 Päckchen Weinsteinbackpulver*
*125 ml Sojamilch*
*4-5 Äpfel*

Die Margarine schaumig rühren. Nach und nach Honig, Eier, Vanillemark und Salz unterrühren. Abwechselnd das mit Backpulver gemischte Mehl mit der Sojamilch unterrühren. Den Teig in eine gefettete runde Tortenform geben. Die Äpfel waschen, schälen und in größere Stücke schneiden. Die Stücke mit einer Gabel einritzen. Mit der eingeritzten Seite nach oben auf den Teig legen. Bei 175 °C in 30 bis 40 Minuten backen.

*Charakteristik:*

Ein fruchtiger Rührkuchen.

*Varianten:*

Die Eier können durch 70 ml SojaCremig ersetzt werden.

# Blitzkuchen

*Benötigt wird als Maß ein Becher von ca. 200 ml Fassungsvermögen.*

*½ Becher Honig (= ½ Kaffeebecher von ca. 200 ml Fassungsvermögen)*
*Mark einer viertel Vanilleschote oder ½ TL gemahlene Vanille*
*2 Becher Weizenvollkorn- oder Dinkelmehl*
*1 Päckchen Weinsteinbackpulver*
*4 Eier oder 1 Becher SojaCremig*

Alle Zutaten in eine Schüssel geben und gut verrühren. Auf ein gefettetes Backblech geben.
Bei 170 °C 15 Minuten im Umluftbetrieb oder im vorgeheizten Backofen backen.
Aus dem Backofen nehmen und abkühlen lassen.

*Für den Belag:*

*100 g blättrige Mandeln*
*100 g geraspelte Mandeln*
*1 Becher oder 150 g milcheiweißfreie Margarine zum Braten*
*ein halber Becher Honig*
*4 EL SojaCremig*

Alle Zutaten in einem Topf verrühren und kurz aufkochen lassen. Auf dem abgekühlten Teig verteilen.
Nochmals bei 200 °C 15 Minuten backen.

*Charakteristik:*

Ein Kuchen, der schnell zubereitet ist und am besten warm schmeckt.

# Amerikaner

*100 g milcheiweißfreie Margarine*
*100 g Honig*
*Mark einer viertel Vanilleschote oder ½ TL gemahlene Vanille*
*2 Eier*
*3 EL Sojamilch*
*etwas Salz*
*1 Päckchen Puddingpulver Sahne oder Mandel*
*250 g Weizenvollkornmehl*
*3 gestrichene TL Weinsteinbackpulver*

*Honig oder Schoko-Nuß-Creme (S. 110) zum Bestreichen*

Die Margarine schaumig rühren. Nach und nach Honig, Vanillemark, Eier, Salz und das mit Sojamilch angerührte Puddingpulver dazugeben. Anschließend noch das mit Mehl vermischte Backpulver unterrühren. Es sollte ein relativ fester Teig entstehen. 2 Eßlöffel große Häufchen auf ein gefettetes Backblech geben.
25 Minuten bei 180 °C backen. Nach 15 Minuten mit Sojamilch bestreichen. Umgedreht auf einem Rost auskühlen lassen und beliebig mit Honig oder Schokoladencreme bestreichen.

*Varianten:*

Die Eier und die Sojamilch können zusammen durch 100 ml SojaCremig ersetzt werden. Das Puddingpulver wird dann mit der Sojacreme verrührt. Die Eier allein können durch 50 ml SojaCremig ersetzt werden.

# Rüblitorte

*5 Eier*
*150 g Honig*
*250 g Karotten*
*250 g geriebene Mandeln*
*1 Zitrone*
*80 g Weizenvollkorn-, Dinkel- oder Buchweizenmehl*
*1 EL Backpulver*
*1 Prise Salz*

Die Eier trennen. Die Eigelbe zusammen mit dem Honig schaumig rühren. Die Karotten schälen und fein raspeln und zusammen mit den Mandeln unterrühren. Den Saft und die geriebene Schale der Zitrone hinzufügen. Das Mehl mit dem Backpulver dazugeben und gut verrühren. Die 5 Eiweiße steifschlagen und zusammen mit der Prise Salz vorsichtig unterziehen. In eine gut gefettete und mit Mehl bestreute Kastenform füllen.
Bei 180 °C 50 Minuten backen.
Nach dem Erkalten beliebig mit Glasur oder Puderzucker garnieren.

*Charakteristik:*

Ein feuchter Kuchen, der zu allen Gelegenheiten paßt. Rüblitorte schmeckt gut als süßes Brot mit Belag.

*Varianten:*

Die Rüblitorte kann ohne Eier zubereitet werden. Sie wird dann aber leicht zu feucht und nicht locker genug. Ebenso können die Eier durch 100 ml SojaCremig ersetzt werden, aber auch diese Zubereitung läßt zu wünschen übrig, da der Teig schnell zu klebrig wird.

# Buchweizentorte

*375 g Buchweizenmehl*
*125 g Speisestärke*
*1 Päckchen Weinsteinbackpulver*
*150 g Honig*
*250 g milcheiweißfreie Margarine*
*4 Eier*
*125 g Sojamilch*
*1 kg Pfirsiche, Aprikosen, Kirschen oder Pflaumen*

Zuerst das Mehl, die Speisestärke und das Backpulver in eine Rührschüssel geben. Die übrigen Zutaten bis auf das Obst dazugeben und alles miteinander verrühren.
Eine Springform gut fetten und mit Vollkornbröseln oder feinen Haferflocken ausstreuen. Den Teig in die Form füllen und das Obst darauflegen und leicht nach unten drücken.
Bei 180 °C 55 Minuten backen.

*Charakteristik:*

Ein sehr trockener Kuchen, der unbedingt Obst benötigt. Schmeckt am besten mit einer (Sahne-)Sojasauce.

*Varianten:*

Bei einer Weizenallergie verwenden Sie Maiskernpuder als Speisestärke. Die Eier können durch 200 ml SojaCremig ersetzt werden.

# Pfirsich-Nuß-Torte

*190 g milcheiweißfreie Margarine*
*140 g Honig*
*Mark einer viertel Vanilleschote oder 1/2 TL gemahlene Vanille*
*1 EL Rum nach Belieben*
*5 Eier*
*140 g geriebene Nüsse oder Mandeln*
*80 g Sonnenblumenkerne und Sesamsamen gemischt*
*120 g Weizenvollkorn- oder Dinkelmehl*
*1 TL Weinsteinbackpulver*
*8 Pfirsichhälften oder 1 Dose Pfirsiche (Zucker!)*

Margarine und Honig schaumig schlagen. Die Eier trennen. 5 Eigelb, Vanillemark und Rum unterheben. Anschließend Nüsse, Sonnenblumenkerne und Sesamsamen einarbeiten. Das Mehl mit dem Backpulver mischen, auf den Teig sieben und vorsichtig unterheben. Das Eiweiß steifschlagen und ebenfalls vorsichtig unterheben. In eine gefettete Springform geben und die Pfirsiche in den Teig drücken.
Bei 200 °C 40 Minuten backen. 10 Minuten im Ofen abkühlen lassen.

*Charakteristik:*

Ein sehr saftiger und kerniger Kuchen.

*Varianten:*

Der Kuchen schmeckt statt mit Pfirsichen auch mit Aprikosen. Die Eier können durch 100 ml SojaCremig ersetzt werden.

# *Biskuitteig*

Herkömmlicher Biskuitteig wird normalerweise ohne Butter oder andere milcheiweißhaltige Zutaten zubereitet. In diesem Kapitel finden Sie weizenfreie Biskuitvarianten und eine milcheiweißfreie Cremetorte. Eine eifreie Variante ist nicht möglich, da die Eier kennzeichnend sind.
Es ist darauf zu achten, daß der Teig sofort im vorgeheizten Backofen gebakken wird, da er sonst nicht locker wird. Durch das Schlagen von Eigelb und Eiweiß wird sehr viel Luft aufgenommen, die wieder entweicht, wenn der Teig nicht sofort gebacken wird. Auch mag der Biskuitteig keine Bewegung und sollte bei Ober- und Unterhitze gebacken werden, da er sonst leicht in sich zusammenfällt.

# Biskuittorte

*Tortenboden:*

*4 Eier*
*5 EL Wasser*
*150 g Honig*
*Mark einer viertel Vanilleschote oder ½ TL gemahlene Vanille*
*100 g Weizenvollkorn- oder Dinkelmehl*
*100 g Speisestärke*
*2 TL Backpulver*
*wahlweise 30 g Kakao oder Carobpulver für einen dunklen Tortenboden*

Das Eiweiß mit dem Wasser steifschlagen. Den Honig mit dem Vanillemark unter ständigem Rühren einlaufen lassen und so lange weiterrühren, bis der Teig cremig ist. Die Eigelbe verquirlen und unterrühren. Das Mehl auf die Masse sieben und zusammen mit dem Backpulver und der Speisestärke vorsichtig unterheben. Die gefettete Springform mit der im Sieb zurückgebliebenen Kleie ausstreuen. Den Teig in eine Springform einfüllen und sofort im vorgeheizten Backofen mit Ober- und Unterhitze bei 180 °C 30 Minuten backen.

*Für die Füllung:*
*500 ml Sojamilch*
*50 g Honig*
*etwas Salz*
*200 g milcheiweißfreie Margarine*
*1 Päckchen Puddingpulver Sahne oder Vanille*
*25 g Speisestärke*
*1 Eigelb*
*nach Belieben: Marzipan, Obst oder Obstmus*

Die Sojamilch mit dem Honig und dem Salz zum Kochen bringen. Das Puddingpulver und die Speisestärke mit etwas Milch und dem Eigelb verrühren. Unter ständigem Rühren dazugeben und kurz aufkochen lassen. Unter häufigem Umrühren abkühlen lassen.
Die weiche Margarine cremig rühren und die Puddingmasse, die die gleiche Temperatur haben sollte, löffelweise unterrühren.

Die ausgekühlte Torte, am besten am Vortag gebacken, in drei Böden schneiden und mit der Creme und/oder nach Belieben mit Marzipan, Obst oder Obstmus füllen und verzieren.

*Varianten:*

Der Teig kann auch in einer Tortenbodenform ausgebacken werden und als Biskuittortenboden mit Obst belegt werden.

Bei einer Weizenallergie Maiskernpuder als Speisestärke verwenden und auf weizen-(stärke-)freies Puddingpulver achten.

## Buchweizenbiskuit

*6 Eier*
*150 g Honig*
*Mark einer viertel Vanilleschote oder ½ TL gemahlene Vanille*
*150 g Buchweizenmehl*
*1 TL Weinsteinbackpulver*

Die Eier schaumig rühren. Den Honig und das Vanillemark einlaufen lassen und cremig rühren. Buchweizenmehl dazusieben und unterheben. Teig sofort in eine gut gefettete und mit zarten Haferflocken ausgebröselte Tortenbodenform füllen.
Bei 180 °C im vorgeheizten Backofen mit Ober- und Unterhitze 25 Minuten backen.

*Charakteristik:*

Ein sehr trockener Biskuitteig, der nur mit einer fruchtigen Füllung oder Auflage gut schmeckt. Sehr gut eignet sich Marzipanmasse als dünne Auflage, bevor der Teig weiter belegt wird.

# Aprikosenbiskuit

*3 Eier*
*1 Prise Salz*
*6 EL heißes Wasser*
*70 g Honig*
*abgeriebene Zitronenschale (kann auch weggelassen werden)*
*150 g Hirse oder Buchweizen fein gemahlen*
*ein gestrichener TL Backpulver*
*400 g Aprikosen oder Pfirsiche*

Die Eier trennen. Das Eiweiß mit Salz und Wasser steifschlagen. Nach und nach den Honig, die Eigelbe und die abgeriebene Zitronenschale unterrühren. Noch 1 bis 2 Minuten weiterrühren, bis eine feste Masse entsteht. Die feingemahlene Hirse oder den Buchweizen mit dem Backpulver unterheben. Den Teig in eine gut gefettete und ausgebröselte Form geben.
Die Aprikosen oder Pfirsiche halbieren, häuten und auf dem Teig verteilen.
Bei 160 °C im Umluftherd und kaltem Backofen ca. 25 bis 30 Minuten backen.

*Charakteristik:*

Mit Hirse ein geschmacklich sehr aparter und mit Buchweizen ein relativ trokkener, neutraler Biskuitteig.

*Varianten:*

Die Zitronenschale kann weggelassen werden oder durch eine Messerspitze Ascorbinsäurepulver (Vitamin C) ersetzt werden.

## *Quark-Öl-Teig*

Quark-Öl-Teig wird normalerweise aus Quark und Öl bereitet. Er kann genauso verwendet werden wie Hefeteig und ist sehr schnell zubereitet. Er läßt sich auch sehr gut mit Sojacreme herstellen, jedoch darf das Öl nicht durch eine andere Fettart ersetzt werden. Der Teig sollte nur kurz und kräftig geknetet werden, da er sonst klebrig wird und schwer auf einem Backblech zu verteilen ist. Sollte Ihnen der Teig dennoch einmal zu klebrig werden, fügen Sie noch etwas Mehl zu, kneten nochmals kurz durch und verteilen den Teig mit öligen Fingern auf dem Backblech.

# Quark-Öl-Teig, salzig

*300 g Weizenvollkorn- oder Dinkelmehl*
*1 Päckchen Weinsteinbackpulver*
*150 g SojaCremig*
*3 EL Sojamilch*
*6 EL ÖL*
*2 TL Salz*

Das Mehl mit dem Backpulver vermischen und in eine Rührschüssel geben. Die übrigen Zutaten darübergeben und mit Knethaken auf niedrigster Stufe vermengen. Auf einem geölten Backblech verteilen und nach Belieben belegen.
Bei 200 °C 30 Minuten backen.

*Charakteristik:*

Schneller Teig, der gut knusprig wird. Eignet sich vor allem als Pizzaboden oder Zwiebelkuchenteig.

# Quark-Öl-Teig, süß

*300 g Weizenvollkorn- oder Dinkelmehl*
*1 Päckchen Weinsteinbackpulver*
*150 g SojaCremig*
*3 EL Sojamilch*
*6 EL Öl*
*75 g Honig*
*Mark einer viertel Vanilleschote oder ½ TL gemahlene Vanille*

Das Mehl mit dem Backpulver mischen und in eine Rührschüssel geben. Die übrigen Zutaten dazugeben und mit dem Knethaken auf niedrigster Stufe vermengen. Auf einem geölten Backblech verteilen und beliebig mit Streusel und/oder Obst belegen.
Bei 200 °C 30 Minuten backen.

*Charakteristik:*

Schnell zubereiteter Teig, der sich am besten als Boden für Blechkuchen eignet. Er kann aber auch zu Brötchen oder Kleingebäck verarbeitet werden.

# Fleischrolle

*Teig:*

*125 g SojaCremig*
*4 EL Sojamilch*
*1 Ei*
*4 EL Öl*
*1 TL Salz*
*250 g Weizenvollkorn- oder Dinkelmehl*
*1 Päckchen Weinsteinbackpulver*

*Füllung:*

*350 g Rindergehacktes*
*1 Ei*
*1 Zwiebel*
*1 EL Haferflocken*
*2 EL Wasser*
*Salz, Pfeffer, Paprika und Oregano*
*Öl zum Anbraten*

Für die Füllung das Gehackte mit den kleingeschnittenen Zwiebeln in etwas Öl anbraten. Ei, Haferflocken, Wasser und Gewürze unterrühren und abkühlen lassen.
Für den Teig alle Zutaten schnell miteinander verkneten und auf einer bemehlten Arbeitsfläche zu einem ca. 30 x 40 cm großen Rechteck ausrollen. Die Füllung daraufgeben und aufrollen. Wenn der Teig zu sehr klebt, die Hände einölen.
Bei 190 °C 35 bis 40 Minuten backen.

*Charakteristik:*
Eine schnell zubereitete Köstlichkeit. Schmeckt gut mit einer Sojasauce oder Kräuterremoulade sowie mit Salat.

*Varianten:*

Der Teig kann auch mit Gemüse oder Schinken gefüllt werden.

# *Sonstiges*

In diesem Kapitel finden sich alle Kuchen und Naschereien, die nicht einer bestimmten Teigart zuzuordnen sind.

# Ostfriesische Hörnchen (Neujahrskuchen)

*250 g Weizenvollkorn- oder Dinkelmehl*
*175 g Becel zum Braten*
*150 g brauner Kandis*
*1 Tasse Wasser*
*1 Ei*
*Kardamom, Zimt und Anis je nach Geschmack oder die Gewürzmischung Delifrut (im Reformhaus erhältlich)*

Kandis in einem Topf mit dem Wasser aufkochen und auflösen. Die Zuckerlösung abkühlen lassen. Alle Zutaten zu einem Teig verrühren und am besten einige Stunden stehen lassen. Vor dem Ausbacken den Teig nochmals gut durchrühren. In einem speziellen ostfriesischen Hörnchen-Waffelautomat die Hörnchen ausbacken und noch im heißen Zustand aufrollen. Innerhalb von Sekunden ist das Hörnchen knusprig und nicht mehr zu formen. Am besten gleich essen oder luftdicht aufbewahren, ansonsten werden sie weich.

*Charakteristik:*

Die Hörnchen schmecken wie frische Eiswaffeln und können auch ebenso mit Eis (S. 103f) oder einer beliebigen Creme gefüllt werden.

*Varianten:*

Das Ei kann weggelassen werden.

# Apfel-Streusel-Auflauf

*250 g Weizenvollkorn- oder Dinkelmehl*
*125 g milcheiweißfreie Margarine*
*60 g Honig*
*Zimt*
*100 g Mandelsplitter*
*1 kg Äpfel*

Die Margarine und den Honig auf das Mehl geben und alles zu Streuseln verarbeiten. Die Äpfel schälen, vom Gehäuse befreien und in größeren Stücken in eine Auflaufform geben. Die Mandelsplitter, Zimt und eventuell etwas Honig darübergeben. Die Streusel darauf verteilen.
30 Minuten bei 200 °C backen.

*Charakteristik:*

Dieser Kuchenauflauf schmeckt allen, die sonst immer die Streusel vom Kuchen naschen. Er ist besonders an kalten Tagen mit heißer Vanillesoße zu empfehlen.

# Flapjack (Haferflockenbissen)

*200 g Honig oder Vollrohrzucker*
*400 g milcheiweißfreie Margarine*
*8 EL heller Sirup*
*600 g kernige Haferflocken*

Die Margarine in einer Pfanne schmelzen. Den Honig oder Vollrohrzucker und Sirup dazugeben und verrühren. (Sirup läßt sich mit einem heißen Eßlöffel leicht herausnehmen.) Zum Schluß die Haferflocken dazugeben und gut vermengen. Die Masse auf ein gefettetes Backblech geben.
20 Minuten bei 180 °C backen.
Nach Belieben noch mit dunkler Kuchenglasur (Schwartau) überziehen und noch warm in kleine Stücke schneiden.

*Charakteristik:*

Süße, saftige Leckerei zum Kaffee oder zwischendurch.

# Kirschmichel

*60 g milcheiweißfreie Margarine*
*100 g Honig*
*Mark einer viertel Vanilleschote oder ½ TL gemahlene Vanille*
*2 Eier*
*150 g Weizenvollkorngrieß oder Maisgrieß*
*125 g Weizenvollkorn- oder Dinkelmehl*
*3 gestrichene TL Backpulver*
*250 ml Sojamilch*
*500 g Sauerkirschen*

Die Margarine schaumig rühren. Nach und nach Honig, das Vanillemark, Eier und Grieß unterrühren. Das mit Backpulver vermischte Mehl abwechselnd mit der Sojamilch unterrühren. Die Sauerkirschen waschen, entsteinen und unter den Teig geben. In eine gefettete Auflaufform füllen.
60 Minuten bei 190 °C backen.

*Charakteristik:*

Erfrischende Mahlzeit im Sommer.

*Varianten:*

Die Eier können durch 80 ml SojaCremig ersetzt werden.

# Apfel-Haselnuß-Brot

*750 g Äpfel*
*200 g Honig*
*500 g Weizenvollkorn- oder Dinkelmehl*
*1 EL Kakao- oder Carobpulver*
*1 TL Zimt*
*1½ Päckchen Backpulver*
*200 g ganze Haselnüsse*
*250 g Rosinen*
*2-3 EL Rum*

Die Äpfel schälen und grob raspeln. Zusammen mit dem Honig abgedeckt 12 Stunden ziehen lassen. Dann die restlichen Zutaten dazugeben und alles gut vermengen. In eine gefettete Kastenform geben.
Bei 200 °C 45 Minuten backen.

*Charakteristik:*

Als Brot oder Kuchen geeignet. Schmeckt am besten frisch mit etwas Margarine bestrichen. Dieser Brotkuchen läßt sich abends gut vorbereiten und kann morgens in Minutenschnelle fertiggestellt werden.

# Granola (Knuspermüsli)

*200 g grobe Haferflocken*
*50 g Weizen- oder Dinkelkeime*
*50 g Sonnenblumenkerne*
*50 g Kokosflocken*
*50 g Haselnußkerne grob geraspelt*
*50 g Mandelsplitter*
*etwas Zimt und Vanillepulver*
*3 EL Öl*
*3 EL Honig*
*100 g Rosinen*
*50 g Korinthen*

Das Öl und den Honig in einer Pfanne erhitzen und sprudelnd kochen. Die restlichen Zutaten bis auf die Rosinen und Korinthen vermengen, in die Pfanne geben und in 5 Minuten unter ständigem Rühren rösten. Nun die abgebrühten Rosinen und Korinthen dazugeben und weitere 5 Minuten bei schwacher Hitze mitrösten. Abkühlen lassen und luftdicht verschließen.

*Charakteristik:*

Eine leckere, gesunde Knabberei für zwischendurch. Schmeckt solo oder auch mit einer Sojasauce. Das Knuspermüsli hält sich gut verschlossen bis zu 14 Tage.

*Varianten:*

Wenn Sie keine Keimschale haben, können die Weizen- oder Dinkelkeime auch weggelassen werden, obwohl sie einen nussigen, frischen Geschmack ins Granola bringen.

# Mandelplätzchen

*200 g milcheiweißfreie Margarine zum Braten*
*180 g Honig*
*200 g Weizenvollkorn- oder Dinkelmehl*
*200 g gemahlene Mandeln*
*2 Eier*

Margarine, Honig und Eier schaumig rühren. Mehl und gemahlene Mandeln unterrühren. Eßlöffelgroße Häufchen auf ein gefettetes Backblech setzen. Bei 200 °C 10 Minuten backen.

*Charakteristik:*

Leckere Plätzchen.

*Varianten:*

Die Eier können durch 50 ml SojaCremig ersetzt werden.
Sie können auch normale milcheiweißfreie Margarine nehmen, die Plätzchen werden dann jedoch nicht so knusprig.

# Heidesand

*250 g milcheiweißfreie Margarine*
*200 g Honig*
*Mark einer viertel Vanilleschote oder ½ TL gemahlene Vanille*
*400 g Weizenvollkorn- oder Dinkelmehl*
*1 TL Weinsteinbackpulver*
*Nach Belieben noch 1 TL Delifrut (Gewürzmischung, im Reformhaus erhältlich)*

Die Margarine erhitzen und schwach bräunen. Nach dem Abkühlen mit Honig und Vanillemark schaumig schlagen. Mehl und Backpulver unterkneten.

Den Teig zu einer Rolle formen und mindestens 30 Minuten, am besten sogar über Nacht, im Kühlschrank aufbewahren.
Die Rolle in ca. 1 cm dicke Scheiben schneiden und auf ein gefettetes Backblech legen.
Bei 180 °C 15 Minuten backen.

## Friesenkekse

*250 g Weizenvollkorn- oder Dinkelmehl*
*120 g milcheiweißfreie Margarine*
*100 g Honig*
*Mark einer viertel Vanilleschote oder ½ TL gemahlene Vanille*
*1 Ei*
*Eiweiß oder Wasser zum Bestreichen*
*Hagelzucker*

Das Mehl in eine Schüssel geben und die kalte Margarine in kleinen Stücken darauflegen. Honig, Vanillemark und Ei in eine Vertiefung in der Mitte geben und alles zügig mit den Händen zu einem glatten Teig verkneten. 30 Minuten in den Kühlschrank stellen.
Den Teig zu einer Rolle formen und in 0,5 cm dicke Scheiben schneiden. Die Plätzchen auf ein gefettetes Backblech legen und bei 180 °C 15 Minuten hellgelb backen.
Die noch heißen Kekse mit Eiweiß oder Wasser bestreichen und Hagelzucker daraufstreuen.

*Charakteristik:*

Knusprige Kekse, bei denen als Ausnahme der typische Hagelzucker verwendet werden sollte.

*Varianten:*

Wer absolut keinen Zucker verwenden möchte, kann vor dem Backen in der Mitte des Kekses mit dem Finger eine Vertiefung drücken und einen Klecks Marmelade hineingeben. Das Ei kann durch 30 ml SojaCremig ersetzt werden.

# Früchtebrot

*3 Eier*
*100 g Honig*
*125 g Haferflocken*
*1 gehäufter TL Weinsteinbackpulver*
*200 g Trockenobst*
*200 g Rosinen*
*200 g Haselnüsse und/oder Mandeln*

Eier und Honig schaumig schlagen. Haferflocken und Backpulver unterrühren. Das Trockenobst kleinschneiden und mit den Rosinen untermischen. Die Mandeln und Haselnüsse grob reiben und untermengen. Die fertige Masse in eine gut gefettete und mit Haferflocken ausgestreute Kastenform füllen. Damit die Früchte an der Oberfläche nicht verbrennen, am besten mit Backpapier abdecken.
90 Minuten bei 180 °C backen.

*Charakteristik:*

Dieser Kuchen hält sich sehr lange und eignet sich gut als Proviant oder süßes Brot mit und ohne Auflage.

*Varianten:*

Die Eier können durch 60 ml SojaCremig ersetzt werden.

## Desserts, kleine Zwischenmahlzeiten, Salate und Brotaufstriche

In diesem Kapitel stelle ich Ihnen viele kleine Dinge vor, die große Wirkung haben. Wer möchte schon gerne trotz einer Kuhmilchallergie auf Joghurt, Quarkspeise, Pudding, Nutella und vieles mehr verzichten? Mit etwas Phantasie lassen sich diese Dinge auch ohne Kuhmilch herstellen, wobei der Geschmack allerdings immer nur ähnlich bleibt. Kindern macht dies gar nichts aus, da sie ihren Geschmack noch bilden und viel mehr auf das Optische achten.

Empfehlenswert ist die Anschaffung einer Moulinette (seit kurzem wird ein derartiger Mixer auch von Krups angeboten), da sie ideal zum Mahlen von Mandeln und Nüssen sowie für die schnelle Zubereitung von Brotaufstrichen ist.

# Rhabarberpudding

*5 Stangen Rharbarber*
*500 ml Wasser*
*Mark einer viertel Vanilleschote oder ½ TL gemahlene Vanille*
*3 EL Honig*
*60 g Perlsago*

Den Rhabarber putzen, kleinschneiden, in das Wasser geben und zusammen mit dem Honig aufkochen. Sago einstreuen, nochmals aufkochen und 10 Minuten ausquellen lassen.

*Charakteristik:*

Ein Nachtisch, der vor allem an warmen Tagen durch seinen leicht säuerlichen Geschmack erfrischt.

# Vanilleflammeri

*500 ml Sojamilch*
*Mark einer halben Vanilleschote oder 1 TL gemahlene Vanille*
*1 EL Honig*
*1 Prise Salz*
*40 g Speisestärke*
*1 Ei*

Speisestärke mit etwas Sojamilch und dem Eigelb verquirlen.
Die übrige Sojamilch mit dem Vanillemark, Honig und Salz aufkochen und die verquirlte Speisestärke hineinrühren. In der Nachwärme garen.
Eiweiß steifschlagen und unterheben.
In einer Schüssel oder einem Dessertschälchen auskühlen lassen.

*Varianten:*

Das Ei kann weggelassen werden. Der Pudding wird dann nicht so locker und cremig.

# Vanillepudding

Für Pudding können Sie herkömmliches Puddingpulver verwenden. Es muß lediglich anstatt Milch Sojamilch verwendet werden:

*500 ml Sojamilch*
*1 Päckchen Puddingpulver*
*30 g Honig*

Bis auf einen kleinen Rest die Sojamilch mit dem Honig zum Kochen bringen. Das in der restlichen Sojamilch angerührte Puddingpulver unter ständigem Rühren hineinschütten und nochmals kurz aufkochen. In einer Schüssel oder einem Puddingschälchen erkalten lassen.

*Charakteristik:*

Schmeckt fast wie herkömmlicher Pudding aus Milch.
Da viele Puddingpulver Zusatzstoffe enthalten, sollten Sie den Kauf von zusatzstoffreiem Puddingpulver aus dem Reformhaus oder Naturkostladen erwägen.

*Varianten:*

Es können alle Geschmacksvarianten, wie z. B. Schokolade oder Sahne, verwendet werden. Vorsicht bei einer Weizenallergie! Verwenden Sie Puddingpulver ohne Weizenstärke.

## Marzipan

*100 g Mandeln*
*50 g Honig*
*1 EL Rosenwasser oder Wasser*

Die Mandeln frisch und sehr fein mahlen (am besten eignet sich eine Moulinette). Den Honig und das (Rosen-)Wasser darunterkneten.

*Charakteristik:*

Selbsthergestelltes Marzipan kann genauso verwendet werden wie herkömmliche Marzipanrohmasse.

*Varianten:*

Das Marzipan auf einer mit Kakaopulver bemehlten Fläche ausrollen. Formen ausstechen und die Oberseite in Kakaopulver tunken.

# Haferflocken mit Obst

*4 EL Haferflocken*
*½ Banane*
*½ Apfel*
*½ Birne*
*1 EL Rosinen*
*1 TL Honig*
*etwas Sojamilch*

Die Haferflocken in ein Schälchen geben. Das Obst säubern, kleinschneiden und mit dem Honig und den Rosinen dazugeben. Etwas Sojamilch darübergießen.

*Charakteristik:*

Eine schnell zubereitete, leckere und erfrischende Zwischenmahlzeit.

# Bananenhaferflocken

*4 EL Haferflocken*
*125 ml Sojamilch*
*1 Banane*
*1 TL Honig*

Die Haferflocken in eine Schüssel geben. Die Banane schälen und in die Sojamilch geben. Honig hinzufügen und mit einem Mixer gut verrühren. Diese Bananenmilch über die Haferflocken geben.

*Charakteristik:*

Schnelle und leichte Zwischenmahlzeit.

# Eis

*250 g SojaCremig*
*40 g Honig*
*Mark einer viertel Vanilleschote oder ½ TL gemahlene Vanille*

Die Sojacreme mit dem Honig und Vanillemark kräftig durchschlagen, bis die Masse schaumig ist. In Eisförmchen füllen und im Gefrierfach gefrieren lassen (dauert mindestens 2 Stunden).
Es gibt vorgefertigte Formen für Eis am Stiel zu kaufen. Diese sind am besten zum Einfrieren und sauberen Essen von kleinen Eisportionen geeignet.

Varianten:

# Vanilleeis

*6 Eigelb*
*125 g SojaCremig*
*50 g Honig*
*Mark von einer Vanilleschote oder*
*2 Päckchen Vanillezucker (möglichst kein Vanillinzucker)*

Alles in eine Rührschüssel geben und schaumig rühren, in Eisbehälter füllen und gefrieren.

# Stracciatella

Wie Schokoladeneis (s. S. 104), nur daß die Blockschokolade nicht aufgelöst wird, sondern mit einem scharfen Messer abgeschabt wird.

# Schokoladeneis

*250 g SojaCremig*
*60 g Honig*
*Mark einer viertel Vanilleschote oder ½ TL gemahlene Vanille*
*3 Eigelb (können auch weggelassen werden)*
*60 g Blockschokolade*

Die Schokolade reiben und in 2 bis 3 EL Wasser auflösen. Alle Zutaten in eine Rührschüssel geben und schaumig rühren. In Eisförmchen füllen und gefrieren.

# Fruchteis

*125 g SojaCremig*
*60 g Honig*
*1 Eigelb (kann auch weggelassen werden)*
*300 g Fruchtmus*

Die Sojacreme mit dem Honig und Eigelb schaumig rühren. Beliebiges Obst (gut geeignet sind Bananen, Erdbeeren, Himbeeren, Brombeeren und Johannisbeeren) pürieren und unter die Masse heben. In Eisförmchen füllen und gefrieren.

# Sojasaucen (Quark-/Schlagsahne-Ersatz)

SojaCremig können Sie durch Zugabe von Säften, Obstmus, Gewürzen und anderen Zutaten zu den herrlichsten Saucen und Cremes verwandeln und auch als Quark- und Schlagsahne-Ersatz einsetzen. Sie schmecken hervorragend zu Obstsalaten, Haferflocken oder Müsli. Im folgenden eine kleine Auswahl, die Sie anregen soll, weitere Variationen ganz nach Ihrer Phantasie und Ihrem Geschmack auszuprobieren:

## Sanddornsauce

*125 g SojaCremig*
*2 EL Sanddornmark*
*1 TL Mandelmus*
*1 TL Honig*

Alle Zutaten am besten mit einem elektrischen Mixer gut durchrühren — fertig.

## Erdbeersauce

*125 g SojaCremig*
*100 g Erdbeeren*
*1 TL Honig oder Ahornsirup*

Die Erdbeeren pürieren und die Sojacreme mit Honig darunterrühren — fertig. Anstelle von Erdbeeren und Honig können Sie auf die Schnelle auch einfach Marmelade unterrühren — fertig.

# Vanillecremesauce

*125 g SojaCremig*
*Mark einer viertel Vanilleschote oder ½ TL gemahlene Vanille*
*etwas Delifrut oder Zimt, Kardamom und Anis*
*1 TL Honig*
*1 TL Mandelmus*

Alles gut verrühren — fertig.

# Quarksauce

*1 EL Rosinen oder Korinthen*
*1 Eigelb (kann auch weggelassen werden)*
*Mark einer viertel Vanilleschote oder ½ TL gemahlene Vanille*
*abgeriebene Zitronenschale*
*125 g SojaCremig*

Die Rosinen oder Korinthen ca. 5 Stunden oder über Nacht in Wasser einweichen. Alle Zutaten gut vermengen und zum Schluß die Rosinen oder Korinthen unterheben.

# Quarksoße, salzig (Tsatsiki)

*250 g SojaCremig*
*½ grüne Gurke*
*1-2 Knoblauchzehen*
*1 Zwiebel*
*Pfeffer und Kräutersalz*

Die Knoblauchzehen und die Zwiebel sehr fein schneiden. Die Gurke schälen und feinraspeln. Alles mit der Sojacreme verrühren und mit Pfeffer und Kräutersalz abschmecken.

*Charakteristik:*

Reicht zwar geschmacklich nicht an echtes Tsatsiki heran, kann aber trotzdem recht gut zu Gyros oder Geschnetzeltem gegessen werden.

## Sojajoghurt

Sie können zwar fertigen Sojajoghurt in Reformhäusern kaufen, jedoch gibt es bisher keinen Sojajoghurt pur. Sie sind dann auf sehr wenige Geschmackssorten angewiesen und bekommen Zucker und Zusatzstoffe gleich mitgeliefert. Daher empfiehlt es sich, Sojajoghurt selber herzustellen. Er schmeckt viel besser und kann hervorragend als Grundlage für Salatsaucen, Dressings und zum Verfeinern von Gerichten verwendet werden. Das Ferment, um Sojajoghurt selbst herzustellen, ist in Reformhäusern erhältlich.

*1 l Sojamilch*
*1 EL Sojajoghurt pur oder 1 Sojajoghurtferment*

Wie auf der Packungsbeilage beschrieben zubereiten. Wenn Sie keinen Joghurtbereiter oder Ofen haben, der diese niedrige Temperatur hält, können Sie den Joghurt auch in eine Thermoskanne, möglichst mit weitem Hals, füllen und an der Heizung abgedeckt ca. 8 Stunden stehenlassen, bis er fest ist.

*Charakteristik:*

Ein sahnig-frischer Joghurt, welchen Sie nach Belieben mit Honig, Ahornsirup, Sanddornsaft oder allem, was beliebt, mischen können.

# Salatsaucen

Aus Sojajoghurt und SojaCremig lassen sich köstliche Salatsaucen und Dressings zubereiten, für die herkömmlicherweise saure Sahne oder Schmand verwendet wird. Bei der Zubereitung bleibt alles Ihrer Phantasie überlassen. Hier nur einige Beispiele:

**Variante 1:**

*50 g SojaCremig*
*1 kleine Zwiebel*
*1 EL Öl*
*1 EL Obstessig*
*Kräutersalz, Pfeffer und Kräuter*

Die Zwiebel in feine Würfel schneiden und alles verrühren. Nach Geschmack würzen.

*Charakteristik:*

Paßt gut zu allen grünen Salaten.

**Variante 2:**

*1 Sojajoghurt pur*
*1 EL Öl*
*1 EL Obstessig*
*Saft einer halben Zitrone*
*frische Kräuter, Salz und Pfeffer*

Alle Zutaten vermengen und mit den Kräutern abschmecken.

*Charakteristik:*

Paßt gut als Dressing zu Gurken und Tomaten oder auch zu grünen Salaten.

**Variante 3:**

*Saft einer Zitrone*
*1 EL Öl*
*1 EL Wasser*
*1 EL Sojajoghurt oder SojaCremig*
*Kräutersalz und Pfeffer*

Alle Zutaten vermengen und mit Kräutersalz und Pfeffer abschmecken.

*Charakteristik:*

Eine erfrischende Sauce, die besonders gut zu Karotten-Apfel-Salat paßt.

## Karotten-Apfel-Salat

*4 mittelgroße Karotten (ca. 300 g)*
*1 mittelgroßer Apfel*

*Für die Soße:*

*2 EL SojaCremig oder Sojajoghurt pur*
*1 EL Obstessig*
*Pfeffer, Kräutersalz*
*½ TL Honig*
*frische Kräuter nach Belieben*

Alle Zutaten für die Soße in eine Schüssel geben und verrühren. Die Karotten reinigen und den Apfel schälen. Je nach Geschmack fein oder grob raspeln und gut mit der Soße verrühren.

*Charakteristik:*

Ein erfrischender Salat, der gut als Vorspeise oder zu Fleischgerichten paßt.

*Varianten:*

Anstelle eines Apfels kann auch ein Kohlrabi, geschält und geraspelt, zum Salat gegeben werden.

# Brotaufstriche

Beliebte Brotaufstriche, wie Nuß-Nougat-Cremes, Kräuterbutter oder Wurst, enthalten Milcheiweiß. Daher möchte ich einige Brotaufstriche, die Sie schnell selbst zubereitet haben, vorstellen. An dieser Stelle möchte ich außerdem auf verschiedene milcheiweißfreie Brotaufstriche hinweisen, die in Reformhäusern erhältlich sind und viele Geschmacksrichtungen bieten. Wurst und Käse als Brotauflage treten dabei schnell in den Hintergrund.

## Schoko-Nuß-Creme

*125 ml Sojamilch*
*5 Meßlöffel Biobin (Bindemittel, im Reformhaus erhältlich)*
*1 EL Kakaopulver*
*2 EL Honig*
*1 EL Haselnußmus oder Mandelmus*

Die Sojamilch mit Honig, Kakao und Biobin aufkochen. Haselnuß- oder Mandelmus unterrühren und abkühlen lassen.

*Charakteristik:*

Schmeckt gut als Brotaufstrich oder Füllung von Torten.

## Nußmus

*70 g feingemahlenes Hafer-, Dinkel- oder Weizenmehl*
*50 g Honig*
*100 g feingemahlene Haselnüsse*
*2 EL Kakaopulver*

Alle Zutaten gut miteinander vermengen, so daß eine pastenähnliche Masse entsteht, eventuell noch etwas Honig oder Wasser beigeben.

*Charakteristik:*

Gewöhnungsbedürftiger, aber delikater Brotaufstrich.

## Nußbutter

*125 g milcheiweißfreie Margarine*
*1 TL Honig*
*2 EL gemahlene Haselnüsse*

Die Haselnüsse in dem Honig kurz anrösten und unter die Margarine quetschen.

*Charakteristik:*

Schmeckt ähnlich wie Erdnußbutter aus Haselnüssen.

*Varianten:*

Anstelle von Haselnüssen können auch Mandeln verwendet werden.

# Grünkernaufstrich

*2 Tassen Grünkern*
*2 Tassen kochendheißes Wasser*
*1 Zwiebel*
*200 g milcheiweißfreie Margarine*
*4 EL Öl*
*2 Knoblauchzehen*

*zum Abschmecken:*

*Hefeflocken, Zitronensaft, Senf, Pfeffer, Muskat, Kräutersalz, Majoran und frische Kräuter*

Den Grünkern sehr fein mahlen, mit kochendheißem Wasser übergießen und für mindestens 2 Stunden oder auch über Nacht weichen lassen.
Die Zwiebel und die Knoblauchzehen sehr klein schneiden. Zusammen mit dem geweichten Grünkern, der Margarine und dem Öl vermengen. Mit Kräutern und Gewürzen abschmecken.

*Charakteristik:*

Ein pikanter Brotaufstrich.

*Variante:*

Den Grünkern abends als ganze Körner einweichen. Am nächsten Morgen das Wasser abseihen und die Körner in einer Moulinette zerkleinern. Der Aufstrich ist so etwas gröber.
Wer den Geschmack von Geröstetem mag, kann den Grünkern auch mit den Zwiebeln und dem Knoblauch in etwas Öl anrösten.

# Kräuterbutter

*125 g milcheiweißfreie Margarine*
*2 TL Zitronensaft*
*1 TL Salz*
*frische Kräuter nach Geschmack: z. B. Petersilie, Schnittlauch, Zitronenmelisse, Knoblauchgrün oder Kerbel*

Die Margarine schmelzen, jedoch nicht zu heiß werden lassen. Den Zitronensaft, das Salz und die Kräuter dazugeben und in einer Form wieder fest werden lassen.

*Charakteristik:*

Schmeckt am besten zu frischem Brot.

# Fruchtaufstrich

*125 g pürierte Beerenfrüchte, Kirschen oder Mirabellen*
*1 EL Honig*
*1 EL Haselnuß- oder Mandelmus*
*1 TL Zitronensaft*

Alles vermengen.

*Charakteristik:*

Marmeladenähnlicher Brotaufstrich, der sich jedoch nicht lange hält, aber sehr lecker ist.

# Mandelmus

*100 g Mandeln*
*2 TL Honig*
*1 TL Wasser*

Die Mandeln frisch mahlen, am besten eignet sich eine Moulinette. Den Honig und das Wasser dazugeben und so lange kräftig mixen, bis ein pastenartiges Mus entsteht.

*Charakteristik:*

Ein süßer Brotaufstrich, der uns besonders gut auf Hefekranz und getoastetem Rosinenbrot schmeckt.

*Varianten:*

Mit Haselnüssen oder halb Mandeln / halb Haselnüssen und mit einem gestrichenen TL Kakaopulver ergibt dies einen Nuß-Nougat-Creme-Brotaufstrich. Ohne Honig nur mit Wasser zubereitet, kann Haselnuß- oder Mandelmus als Mineralstoffanreicherung allen Sojagetränken, Breien usw. beigegeben werden.

# Zimtbanane

*eine Banane*
*etwas Zimt*

Die Banane zerdrücken und auf dem Brot verteilen. Mit Zimt bestreuen.

*Charakteristik:*

Nur ganz frisch essen, da die Banane sonst braun wird.

# Getränke

Bei den Getränken auf Milch zu verzichten, stellt sicher kein Problem dar. Der Durst sollte sowieso mit Tee, Wasser und ungesüßten, verdünnten Fruchtsäften gelöscht werden. Milch stellt eher ein richtiges Nahrungsmittel dar. Aber wenn sich im Sommer alle an einem Milchshake erfrischen, brauchen auch Milcheiweißallergiker nicht auf diese Köstlichkeit zu verzichten. Dieses Kapitel enthält Getränke, die normalerweise mit Milch zubereitet werden, sowie einige interessante neue Mixgetränke.

## Kakao

*250 ml Sojamilch*
*etwas Wasser*
*1 gestrichener TL reines Kakaopulver*
*Honig zum Süßen*

Das Kakaopulver mit dem Wasser gut verrühren und aufkochen. Die Sojamilch hinzufügen und nach Belieben mit Honig süßen. Der Kakao schmeckt besonders cremig und leicht, wenn Sie ihn vor dem Trinken mit einem Mixstab durchrühren.

*Charakteristik:*

Kommt richtigem Kakao sehr nahe, ist aber nicht so sahnig.

*Varianten:*

Sie können auch fertiges Kakaopulver verwenden, es enthält aber zuviel Zukker und andere Zusatzstoffe, teilweise auch Milcheiweiß!

# Eisshake

*1 EL Vanilleeis (S. 103)*
*200 ml Sojamilch*
*eine halbe Banane*
*1 Pfirsich*

Den Pfirsich und die Banane im Mixer zerkleinern und nach und nach die Sojamilch zugeben. Das Eis in ein Glas geben und die Pfirsich-Bananen-Milch darübergießen. Am besten mit einem Löffel servieren.

*Charakteristik:*

Sehr erfrischend, wenn man im Sommer keinen Appetit hat.

*Varianten:*

Anstelle von Banane und Pfirsich kann jedes andere beliebige Obst verwendet werden.

# Bananenmilch

*350 ml Sojamilch*
*1 Banane*

Die Banane im Mixer gut zerkleinern und nach und nach die Sojamilch zugeben.

*Charakteristik:*

Schmeckt fast wie echte Bananenmilch, da die Banane einen sahnigen Geschmack abgibt.

# Fruchtdrink

*100 ml SojaCremig*
*100 ml Fruchtsaft (möglichst ohne Zuckerzusatz)*

Die Sojacreme und den Fruchtsaft gut verrühren — fertig.
Gut geeignet sind Traubensaft, Holundersaft und Orangensaft.

*Charakteristik:*

Erfrischendes, cremiges Getränk.

# Mandel-Sanddorn-Drink

*1 EL Schokoladeneis (S. 104)*
*1 TL Mandelmus*
*1 TL Sanddornmark*
*200 ml Sojamilch*

Das Eis und das Mandelmus im Mixer verrühren. Das Sanddornmark und die Sojamilch hinzufügen.

*Charakteristik:*

Erfrischendes Getränk.

# Milchkaffee

*1 TL Getreidekaffee*
*50 ml Wasser*
*50 ml Sojamilch*
*Honig zum Süßen*

Den Getreidekaffee mit frisch abgekochtem Wasser übergießen. Sojamilch und eventuell Honig dazugeben und umrühren.

*Charakteristik:*

Ein ideales Getränk zum Frühstück, besonders für Kinder.

# Heiße Milch mit Honig

*200 ml Sojamilch*
*1 EL Honig*
*1 Ei*

Die Sojamilch erwärmen und das Eigelb darunterquirlen. Den Honig zugeben. Das Eiweiß steifschlagen und unterziehen.

*Charakteristik:*

Wärmendes Getränk vor allem bei Halsweh.

*Varianten:*

Kann auch sehr gut ohne Ei zubereitet werden, indem man einfach die Sojamilch mit Honig auf eine angenehme Trinktemperatur erwärmt.

Vorsicht bei zu niedriger Temperatur! In Eiern können Salmonellen auftreten, die erst bei 70 °C abgetötet werden.

# Nußmilch

*200 ml Sojamilch*
*1 TL Nuß- oder Mandelmus*
*1 TL Honig*

Die Sojamilch erwärmen und das Nuß- oder Mandelmus mit dem Honig dazugeben. Unter Rühren auflösen, nicht kochen lassen.

*Charakteristik:*

Schmeckt gut als erfrischendes warmes Getränk. Kann aber auch gut kalt getrunken werden.

# Holunderglühwein

*250 ml Wasser*
*1 gestrichener TL schwarzer Tee*
*250 ml Holundersaft*
*1 Glühweingewürz*
*Honig*

Das Wasser kochen und über den Tee geben. 3 Minuten ziehen lassen. Den Holundersaft in eine Kanne geben und den Tee durch ein Sieb dazugießen. Glühweingewürz für mindestens 15 Minuten hineinhängen. Mit Honig süßen.

*Charakteristik:*

Ein hervorragendes Getränk bei Erkältungen oder zum Aufwärmen.

# Brot und Brötchen

Milcheiweißfreies Brot ist relativ leicht zu kaufen, da es normalerweise mit Wasser und ohne Fett gebacken wird. Sie müssen dies bei Ihrem Bäcker nachfragen und vor allem darauf achten, in welchen Broten er Margarine verwendet und ob diese milcheiweißfrei ist. Nachteil der meisten gekauften Brote ist es, daß sie häufig mit ausgemahlenen Mehlen zubereitet werden. Selbst Vollkornbrote bestehen meist nur zu einem geringen Prozentsatz aus Vollkornmehl. Eine Bäckerei, die reines Weizenvollkornbrot oder Dinkelbrot anbietet, werden Sie nur schwer ausfindig machen, sofern sich nicht alternative „Ökoläden" in Ihrer Umgebung finden. Aus diesen Gründen bin ich dazu übergegangen, alles Brot selber zu backen, was gar nicht so schwer und zeitaufwendig ist. Auf diese Weise sind Sie jedenfalls ganz sicher, daß Ihr Brot milcheiweißfrei ist, aus Vollkornmehl gebacken wurde und auch keine Konservierungsstoffe oder andere Zusätze enthält.
Bei Brötchen und anderen brotähnlichen Gebäcken wird es schwer, einen Bäcker zu finden, der milcheiweißfreie Zutaten benutzt. Da sie leicht herzustellen sind, sollten Sie Brötchen am besten selbst backen. Dann sind sie auch garantiert frisch. Sie können auch gut tiefgefroren werden und bei Gelegenheit schnell im Ofen zu knusprigen Brötchen aufgetaut und aufgebacken werden.
Was die Zutaten angeht, sind milcheiweißfreie, eifreie und zuckerfreie Brote kein Problem.
Da reines Vollkornbrot leicht bröselig wird, ist die Zugabe von ca. einem halben TL Ascorbinsäure (Vitamin C) auf 1 kg Mehl zu empfehlen, welche den Teig gut bindet.

# Vollkornbrot (Hefe)

*1 kg Weizenvollkorn- oder Dinkelmehl*
*40 g Frischhefe (1 Päckchen)*
*ca. 580 ml lauwarmes Wasser*
*3-4 TL Salz*
*1 TL Honig*
*1 TL Öl*

*nach Belieben zum Würzen:*
*etwas Kardamom und/oder Koriander*

Das Mehl in eine große Rührschüssel geben. Die Hefe in einer Ecke klein darüberbröseln und das lauwarme Wasser darübergeben. Honig, Gewürze und Öl hinzufügen. Das Salz so zugeben, daß es bis zum Kneten nicht mit der Hefe in Berührung kommt. Alles kräftig und gut verkneten. Wenn der Teig zu fest ist, geben Sie langsam noch etwas Wasser hinzu; läßt sich der Teig nicht mühelos aus der Schüssel heben, fügen Sie noch etwas Mehl hinzu. Den Teig zugedeckt an einem warmen Ort ca. 50 Minuten gehen lassen. Dabei ist es wichtig, daß die Temperatur keine 40 °C übersteigt, da die Hefe sonst zerstört wird und der Teig nicht aufgeht. Wenn Sie keinen gut warmen Platz haben, können Sie den Teig auch bei normaler Temperatur, zugedeckt und vor Zugluft geschützt, so lange gehen lassen, bis sich sein Volumen verdoppelt hat. Dies kann bis zu 6 Stunden dauern. Den Teig nochmals durchkneten und am besten in eine gefettete Kastenform geben oder auch als Laib formen und auf ein Backblech legen. Nochmals gehen lassen, bis der Teig gut aufgegangen ist, und mit Eiweiß oder Wasser bestreichen.

Den Ofen auf 250 °C vorheizen (wenn Sie einen entsprechenden Ofen haben, kann diese Temperatur bis 300 °C betragen) und eine Schale kochendes Wasser hineinstellen. Das Brot 10 Minuten bei dieser hohen Temperatur mit viel Wasserdampf backen. Noch weitere 45 Minuten bei 220 °C fertigbacken, herausholen, sofort aus der Form nehmen und auf einem Gitterrost auskühlen lassen.

Der Wasserdampf ist wichtig, damit das Brot eine feste und knusprige Kruste bekommt. Deshalb sollten Sie die ersten 10 Minuten den Ofen gut geschlossen halten. Soll das Brot keine Kruste haben, decken Sie es am besten mit Backpapier ab und stellen keine Schale mit Wasser in den Ofen.

# Mischbrot

*500 g Roggenvollkornmehl*
*400 g Weizenvollkorn- oder Dinkelmehl*
*100 g Speisestärke*
*40 g Frischhefe (1 Päckchen)*
*4 TL Salz*
*1 TL Honig*
*2 EL Öl*
*ca. 580 ml lauwarmes Wasser*

Zubereitung wie beim Hefevollkornbrot (S. 122).

*Varianten:*

Sie können statt Speisestärke auch Roggen- oder Weizenvollkornmehl nehmen, jedoch wird das Brot dann etwas fester.
Bei einer Weizenallergie am besten Maiskernpuder verwenden.

# Mehrkornbrot

*300 g Weizenvollkorn- oder Dinkelmehl*
*300 g Roggenvollkornmehl*
*100 g Speisestärke*
*200 g Mehl aus Hafer, Gerste, Buchweizen, Hirse oder eine Mischung aus beliebigen Getreidesorten. Auch Haferflocken eignen sich.*
*60 g Hefe (1½ Päckchen)*
*ca. 580 ml lauwarmes Wasser*
*4 TL Salz*
*1 TL Honig*
*1 EL ÖL*

*nach Belieben:*

*1 TL Kardamom oder/und Koriander, Kümmel usw.*

Zubereitung wie beim Hefevollkornbrot (S. 122).
Vor dem Backen können Sie das Brot noch mit Schrot aus den Mehlsorten, die Sie verwendet haben, bestreuen.

*Varianten:*

Bei einer Weizenallergie als Speisestärke am besten Maiskernpuder oder Dinkelmehl verwenden.

## Sauerteig

Sauerteigbrot schmeckt im Gegensatz zu Hefebrot würziger und ist vor allem für Vollkornbrote und Roggenbrote geeignet. Für magenempfindliche Menschen oder Menschen, die keine Hefe vertragen, ist Sauerteigbrot ideal. Das Besondere am Sauerteig ist, daß vor der Brotbereitung ein Teil des Teiges abgenommen wird und in einem geschlossenen Behälter bis zu 10 Tagen im Kühlschrank aufbewahrt werden kann. Dieser Teigrest, der „Sauerteig", bringt die Gärung des nächsten Brotes in Gang, von dem wiederum ein Rest aufbewahrt wird.
Den ersten Sauerteigansatz kann man im Reformhaus, Naturkostladen oder Supermarkt kaufen oder ihn selber herstellen:

*125 g Roggenvollkornmehl*
*70 ml lauwarmes Wasser*
*1 EL Rum oder Branntwein*
*Anstelle von Rum kann man auch eine kleine geriebene Zwiebel oder 2 EL Essig nehmen (womit es mir persönlich jedoch nicht richtig gelingt).*

Alle Zutaten gut vermengen und in einem Honig- oder Einmachglas 3 Tage bei 30 °C (in der Nähe der Heizung) stehenlassen. Wenn der Teig gärt und viele Bläschen zeigt, ist er verwendbar. Das klappt nicht jedesmal. Falls der Sauerteigansatz unangenehm nach Essigsäure riecht oder sich Flüssigkeit absetzt, kann er nicht verwendet werden.

# Sauerteigbrot

*Vorteig:*
*125 g Sauerteig*
*125 ml lauwarmes Wasser*
*200 g Roggenvollkornmehl*

Den Sauerteig im Wasser auflösen, das Roggenmehl dazugeben und zu einem Teig verarbeiten. Gut zugedeckt oder in einer gut verschließbaren Schüssel über Nacht gären lassen. Der Teig muß am nächsten Morgen eine starke Bläschenbildung zeigen.
125 g dieses Vorteiges für das nächste Brot abnehmen und gut verschlossen im Kühlschrank aufbewahren.

*Hauptteig:*
*400 g Roggenvollkornmehl*
*200 g Weizenvollkorn- oder Dinkelmehl*
*200 ml lauwarmes Wasser*
*3 TL Salz*
*nach Belieben Pfeffer, Koriander und Kardamom*

Für den Hauptteig das Roggen- und Weizenvollkorn- oder Dinkelmehl mit Salz und Gewürzen mischen. Den Vorteig und das Wasser dazugeben und sehr gut durchkneten. Der Teig darf klebrig sein, wenn ein lockeres Brot entstehen soll. Wenn dieser Teig sehr fest ist und sich formen läßt, wird das Brot auch entsprechend trockener. Nach eigenem Ermessen noch entsprechend Wasser oder Mehl zufügen. 3 bis 6 Stunden an einem warmen Ort gehen lassen, bis sich das Teigvolumen ungefähr verdoppelt hat und sich Risse an der Oberfläche zeigen. Den Teig nochmals gut durchkneten und in eine gut gefettete und mit Mehl ausgestreute Kastenform geben. Zugedeckt weitere 45 bis 60 Minuten gehen lassen. Die Oberfläche mehrmals schräg einschneiden und mit Wasser bepinseln.
Eine Schale kochendes Wasser in den Backofen stellen und im vorgeheizten Backofen
10 Minuten bei 250 °C bis 300 °C und
40 Minuten bei 200 °C backen.
Sollte die Oberfläche zu braun werden, das Brot mit Backpapier abdecken.
Nach dem Backen sofort aus der Form nehmen und auf einem Rost gut auskühlen lassen. Wenn das Brot beim Klopfen auf die Unterseite hohl klingt, ist es fertig.

*Charakteristik:*

Ein herkömmliches Sauerteigbrot. Es sollte frühestens nach 2 Tagen angeschnitten werden — was in unserer Familie jedoch noch nicht geglückt ist, d. h., es schmeckt auch ofenfrisch schon sehr gut, klebt dann aber noch.

*Varianten:*

Bis zu 400 g Mehl im Hauptteig können durch andere Mehlsorten ausgetauscht werden (z. B. Gerstenmehl oder 6-Korn-Mischung).

## Zwiebelbrot

Genau wie Sauerteigbrot (S. 124/125), aber zusätzlich

*4 Zwiebeln*

Die Zwiebeln in kleine Würfel schneiden und in wenig Öl rösten. Abkühlen lassen und unter den Hauptteig geben, bevor Sie ihn in die Kastenform füllen.

*Charakteristik:*

Ein würziges Brot, das ganz frisch besonders gut schmeckt und als Aufstrich nicht mehr als milcheiweißfreie Margarine oder Gänseschmalz benötigt.

## Vollkornbrot (Sauerteig)

Zubereitung wie beim Sauerteigbrot (S. 124/125), aber für den Hauptteig:

*100 g Weizen-, Roggen-, Dinkel-, Gersten- oder Grünkernkörner*
*300 g Roggenvollkornmehl*
*200 g Vollkornschrot nach Ihrer Wahl*

Wenn Sie den Vorteig zubereiten, die ganzen Körner mit kochendem Wasser übergießen und bis zum nächsten Morgen weichen lassen. Das Wasser abgießen und die Körner zum Hauptteig dazugeben.

# Baguette

*750 g Weizenvollkorn- oder Dinkelmehl*
*20 g Frischhefe (1/2 Päckchen)*
*3 TL Salz*
*480 ml lauwarmes Wasser*
*1 verquirltes Ei oder Wasser zum Bestreichen*

Alle Zutaten zu einem Hefeteig verkneten und gehen lassen, bis der Teig sein Volumen verdoppelt hat. Den Teig in vier Teile teilen. Jedes Teil zu einer Rolle formen, um sich selbst drehen und auf ein gefettetes Backblech legen. Nochmals bedeckt gut aufgehen lassen und schräg einschneiden. Mit einem verquirlten Ei oder Wasser bestreichen.
Im vorgeheizten Backofen bei 220 °C 35 Minuten backen.

*Charakteristik:*

Schmeckt aufgrund des Vollkornmehls nicht so luftig wie echtes französisches Baguette, sollte aber zu denselben Anlässen gegessen werden. Schmeckt also am besten frisch als Vorspeise, zu Eintöpfen, beim Grillen oder zum Fondue. Eignet sich auch hervorragend zum Überbacken, belegt z. B. mit Schinken, Pilzen und Tofu — falls nach einem Tag noch etwas übrig sein sollte.

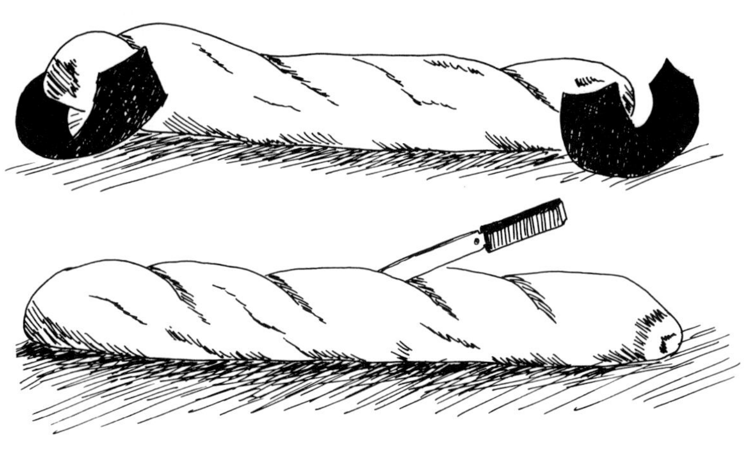

# Vollkornbrot mit ganzen Körnern

*100 g Weizen oder Dinkel in ganzen Körnern*
*450 g Weizen- oder Dinkelschrot*
*450 g Weizenvollkorn- oder Dinkelmehl*
*100 g Malz*
*4 EL Speiseöl*
*1 Ei*
*4 TL Salz*
*60 g Frischhefe (1½ Päckchen)*
*450 ml Wasser*
*Koriander, Anis, Kümmel*

Die Weizen- oder Dinkelkörner mit kochendem Wasser übergießen und 12 Stunden, am besten über Nacht, quellen lassen. Das Wasser abgießen und die Weizenkörner nochmals mit kochendem Wasser übergießen und ca. 2 Stunden quellen lassen.
Aus den übrigen Zutaten einen Teig bereiten, wie beim Hefevollkornbrot (S. 122). Die abgetropften Weizen- oder Dinkelkörner dazugeben und gut durchkneten. Den Teig gut aufgehen lassen, nochmals durchkneten, in eine gefettete Form geben und zugedeckt gehen lassen. Die Oberfläche mit Wasser bestreichen und nach Belieben mit Schrot oder/und ganzen Körnern bestreuen.
Im vorgeheizten Backofen bei 250 °C 10 Minuten und 200 °C 50 Minuten backen. Eine Schale mit heißem Wasser in den Ofen stellen!

*Charakteristik:*

Ein deftiges Brot, wenn Sie auch mal einem gröberen Brot den Vorzug geben.

*Varianten:*

Bis gut die Hälfte des Weizens oder Dinkels kann jederzeit durch Roggen oder Gerste ausgetauscht werden. Das Ei kann einfach weggelassen werden.

# Karottenbrot

*300 g Roggenmehl*
*300 g Roggenschrot*
*500 g Weizenvollkorn- oder Dinkelmehl*
*200 g Karotten*
*40 g Frischhefe (1 Päckchen)*
*700 ml lauwarmes Wasser*
*4 TL Salz*
*etwas Pfeffer*
*2 EL Öl*

Aus allen Zutaten, bis auf die Karotten, einen Teig bereiten, wie beim Hefevollkornbrot (S. 122). Die Karotten fein reiben und unterkneten.
Im vorgeheizten Backofen bei 250 °C 10 Minuten und bei 200 °C 50 Minuten backen. Eine Schale heißes Wasser in den Ofen stellen!

*Charakteristik:*

Ein saftiges, kräftiges Brot.

# Toastbrot

*450 g Weizenvollkorn- oder Dinkelmehl*
*50 g Weizenstärke oder Maiskernpuder*
*20 g Frischhefe (1/2 Päckchen)*
*1 EL milcheiweißfreie Margarine*
*2 TL Salz*
*300 ml Wasser*

Aus allen Zutaten einen Teig wie beim Hefevollkornbrot (S. 122) kneten. Den Teig ca. 30 Minuten (nicht länger) gehen lassen und nochmals kräftig durchkneten. In eine gefettete Kastenform geben und zugedeckt gehen lassen, bis sich das Teigvolumen verdoppelt hat.
Mit Alufolie oder Backpapier die Oberfläche abdecken und bei 250 °C im nicht vorgeheizten Backofen 30 Minuten backen. Wünschen Sie eine gebräunte Kruste, können Sie die Alufolie ca. 10 Minuten vor Ende der Backzeit entfernen.

*Charakteristik:*

Lockeres Brot, welches sich vor allem zum Toasten und Überbacken eignet.

# Rosinenbrot

*750 g Weizenvollkorn- oder Dinkelmehl*
*300 g Rosinen*
*1 TL Salz*
*Kardamom oder geriebene Muskatnuß*
*250 ml Sojamilch*
*40 g Frischhefe (1 Päckchen)*
*80 g Honig*
*125 g milcheiweißfreie Margarine*
*4 Eier*

Die Rosinen mit kochendem Wasser übergießen und 30 Minuten quellen lassen.
Das Mehl und die Gewürze in eine Rührschüssel geben. In die eine Hälfte die kleingebröselte Hefe und den Honig geben. Mit der lauwarmen Sojamilch übergießen. 3 Eier und die zimmerwarme Margarine dazugeben. Das Salz und die Gewürze in die andere Hälfte der Rührschüssel geben. Alles gut verkneten, bis der Teig Bläschen zeigt. Die Rosinen abgießen und unter den Teig kneten. Eine große Kastenform gut fetten und den recht weichen Teig, der nicht mit den Händen geknetet werden kann, in die Form füllen. Zugedeckt gehen lassen, bis sich das Teigvolumen verdoppelt hat. Die Oberfläche mit einem verquirlten Ei oder Wasser bestreichen und den Ofen mit einer Schale heißem Wasser auf 250 °C vorheizen.
Bei 200 °C 50 Minuten backen.
Damit die Rosinen nicht verbrennen, können Sie das Brot nach ca. 15 Minuten mit Alufolie oder Backpapier abdecken.

*Charakteristik:*

Ein lockeres Frühstücksbrot, das auch zum Nachmittagskaffee schmeckt. Probieren Sie es mal getoastet!

*Varianten:*

Die Eier können durch 60 ml SojaCremig ersetzt werden.

# Brötchen

*500 g Weizenvollkorn- oder Dinkelmehl*
*30 g Frischhefe (3/4 Päckchen)*
*1 Ei*
*250 ml Sojamilch*
*50 g milcheiweißfreie Margarine*
*1 TL Salz*
*1 verquirltes Ei oder Wasser zum Bestreichen*
*Mohn, Haferflocken, Sesam oder Kümmel zum Bestreuen der Oberfläche*

Alle Zutaten zu einem Hefeteig verkneten, zu einem Ball formen und zugedeckt gut aufgehen lassen. Den Teig nochmals gut durchkneten und 8 bis 10 Brötchen formen. Die Brötchen in der hohlen Hand auf einer unbemehlten Fläche rollen, dann gehen sie besonders gut auf. Auf ein gefettetes Backblech legen und sternförmig einschneiden. Mit Wasser oder einem verquirlten Ei bestreichen und nach Belieben mit Mohn, Sesam, Haferflocken oder Kümmel bestreuen. Nochmals aufgehen lassen.
Im vorgeheizten Backofen bei 200 °C 20 Minuten backen.

*Charakteristik:*

Frühstücksbrötchen. Schmecken mit süßem wie mit herzhaftem Aufstrich.

*Varianten:*

Das Ei kann durch 20 ml SojaCremig ersetzt werden.
Wenn Sie morgens frische Brötchen mögen, kneten Sie den Teig abends rasch zusammen, formen die Brötchen ohne jegliche Ruhezeit und bewahren diese sehr gut zugedeckt bis zum nächsten Morgen im Kühlschrank auf. Bevor Sie die Brötchen aus dem Kühlschrank in den nicht vorgeheizten Backofen geben und 30 Minuten backen, noch nach Belieben mit Ei oder Wasser bestreichen und mit Mohn usw. bestreuen.

# Mandelbrötchen

*500 g Weizenvollkorn- oder Dinkelmehl*
*etwas Salz*
*50 g gehackte Mandeln*
*1 TL Kardamom oder Delifrut*
*50 g Honig*
*40 g Frischhefe (1 Päckchen)*
*80 g milcheiweißfreie Margarine*
*200 ml Sojamilch*
*1 verquirltes Ei oder Wasser zum Bestreichen der Brötchen*

Mehl, Salz, gehackte Mandeln und Gewürze in eine Schüssel geben und vermischen. Honig, kleingebröselte Hefe, Margarine und lauwarme Sojamilch zugeben und alles gut verkneten. Der Teig sollte recht fest sein, damit die Brötchen nicht auseinanderlaufen. Eventuell also etwas mehr Mehl unterkneten. Den Teig zu einem Ballen formen und zugedeckt aufgehen lassen. Den Teig nochmals durchkneten und 8 bis 10 Kugeln formen und auf ein gefettetes Backblech setzen. Nochmals zugedeckt stehen lassen, bis die Brötchenmasse gut aufgegangen ist. Mit verquirltem Ei oder Wasser bestreichen.
Im vorgeheizten Backofen bei 200 °C 15 Minuten backen.

*Charakteristik:*

Süße, herzhafte Brötchen, die gut mit milcheiweißfreier Margarine zum Nachmittagskaffee oder einfach solo als Leckerei zwischendurch schmecken.

## Bücher, die weiterhelfen

Das große GU Vollwert Kochbuch. Gräfe und Unzer, München.

Die große GU Vitamin und Mineralstoff Tabelle. Gräfe und Unzer, München.

*Eckert, Anneliese* und *Gerhard:* Mehr Freude und Erfolg beim Brotbacken. Falken-Verlag GmbH, Niedernhausen.

*Hellermann, Mechthild:* Gut essen und leben mit Neurodermitis und anderen Allergien. Selbstverlag, Präsidentenstraße 27, 58332 Schwelm.

*Körber, Karl W. von, Thomas Männle* und *Claus Leitzmann:* Vollwert-Ernährung: Grundlagen einer vernünftigen Ernährungsweise. Karl F. Haug Verlag GmbH & Co, Heidelberg.

*Markus, Dr. Harold H.* und *Hans Finck:* Ich fühle mich krank und weiß nicht warum. Ehrenwert-Verlag, München.

*Moss, Randolph:* Allergien — Folgen von Umweltbelastung und Ernährung. CF Müller, Karlsruhe.

*Nöcker, Rosemarie:* Körner und Keime: Der Sprossengarten im Zimmer. Wilhelm Heyne Verlag, München.

*Poschet, Jutta:* Allergie — Schritt für Schritt aus der Allergie mit dem neuen biologischen Programm. Jürgen K. Juchheim, München, Wien, Zürich.

*Pütz, Jean,* und *Christine Niklas:* Allerlei Getreide: Nudeln, Baguette & Co. Das große Hobbythekbuch vom Essen. Verlagsgesellschaft, Köln.

*Schlieper, Cornelia A.:* Ernährung heute. Dr. Felis Büchner Handwerk und Technik GmbH, Hamburg.

*Schorndorfer, Pitt,* und *Susi Schöning:* Konservierung. Natürlich und gesund. Pala-Verlag, Schaafheim.

*Stellmann, Dr. med. H. Michael:* Kinderkrankheiten natürlich behandeln. Gräfe und Unzer, München.

*Workman, Elizabeth, Dr. med. John Hunter* und *Dr. med. Virginia Alun Jones:* Allergie Diät: Wie man Lebensmittel-Unverträglichkeiten überwinden kann. ORAC, Wien.

# Adressen, die weiterhelfen

Abtei St. Hildegard, Abteilung Dinkel
Postfach 13 20
65378 Rüdesheim am Rhein — Telefon (0 67 22) 49 91 16
Hier erhalten Sie Dinkelprodukte
(Grieß, Zwieback, Nudeln usw.).

Ärztekammer
Über die für Sie zuständige Ärztekammer können Krankenkassen informieren. Hier erfahren Sie Adressen von Ärzten in Ihrer Region, die Naturheilverfahren und / oder Homöopathie anwenden.

Deutscher Neurodermitiker Bund e. V.
Mozartstraße 11
22083 Hamburg — Telefon (0 40) 2 20 57 57

Geschäftsstelle der Arbeitsgemeinschaft Allergiekrankes Kind (AAK)
Hauptstraße 29
35745 Herborn — Telefon (0 27 72) 4 12 37

Geschäftsstelle des Bundesverbandes Neurodermitiskranker in Deutschland e. V.
Sabelstraße 39
56154 Boppard — Telefon (0 67 42) 25 98

Institut für Angewandte Kinesiologie
Zasiusstraße 67
79102 Freiburg
Hier können Sie erfahren, wo der nächste Arzt in ihrer Gegend praktiziert, der sich mit kinesiologischen Methoden auskennt.

Institut für Mikroökologie
Kornmarkt 34
35745 Herborn
Hier bekommen Sie Adressen von Ärzten, die mikrobiologische Therapie („Darmsanierung“, „Symbioselenkung“) durchführen.

Jura Pharmazeutische Fabrik Gollwitzer KG
Nestgasse 2
78464 Konstanz — Telefon (0 75 31) 3 14 87

# Alphabetisches Rezeptverzeichnis